易学易懂的理工科普丛书

极简图解
电动汽车基本原理

[日] 川边谦一　著

何春梅　张小猛　译

机械工业出版社

本书深入剖析了电动汽车的工作机制，从机械、电气及化学等多维度为读者提供全面的讲解。全书结合生动、直观的图表，详细解释了电动汽车的工作原理及其所面临的市场和技术挑战。此外，为了提供一个更广阔的视野，本书还探讨了混合动力汽车、插电式混合动力汽车及燃料电池汽车，这些与电动汽车相辅相成的技术，共同构成了现代绿色交通的蓝图。

本书是一本难得的关于电动汽车的科技著作，为广大从事电动汽车研究的科技工作者及科技爱好者提供了通俗易懂、内容全面、理论深入的参考。通过本书的学习，读者可以快速洞悉电动汽车技术的全貌，从理论上理解电动汽车的原理，知晓电动汽车的实际应用现状，从而为技术创新提供启发性的方向和路径。

译 者 序

身处当今科技飞速发展的浪潮之中，我作为一家上市公司的首席信息官，每日都与前沿技术深度相拥。助力公司数字化转型的征程，犹如驾驶一艘巨轮在科技的海洋里破浪前行，每一次攻克难题、每一项创新突破，不仅锤炼了我的专业能力，更让我养成了对科技趋势敏锐捕捉的习惯。工作之余，探索不同领域的前沿知识成为我放松身心、汲取养分的源泉，无论是挖掘人工智能的无限潜能，还是惊叹量子计算带来的算力奇迹，科技多元的魅力总如引力一般，牢牢吸引着我。

当目光投向交通出行领域，电动汽车无疑是当下最耀眼的科技明星之一。初次翻开《极简图解电动汽车基本原理》日文原版书时，内心的激动难以言表，仿佛即将踏入一座神秘的知识宝库，里面装满了开启未来出行的钥匙。我深知，自己肩负起了一座桥梁搭建者的重任，要将书中的精华传递给读者，引领大家一同探索电动汽车的奇妙世界。

当下，全世界都在为绿色、可持续的未来全力奋进，电动汽车作为这场变革中的先锋力量，早已突破传统交通工具的边界，成为汇聚机械、电子、能源等诸多领域顶尖智慧与前沿技术的集大成之作。回首 2024 年，中国电动汽车的发展态势更是令人瞩目，为这一领域的蓬勃发展写下了生动注脚。

2024 年，中国新能源汽车年产销量首次突破 1000 万辆大关，以磅礴之势引领全球新能源汽车产业发展。全国新能源汽车保有量攀升至 3140 万辆，占汽车总保有量的 8.90%，2024 年新注册登记新能源汽车 1125 万辆，占新注册登记汽车数量的 41.83%，较 2023 年新增 382 万辆，增幅高达 51.41%，新能源乘用车渗透率连续多月突破 50%，成为市场中不可忽视的主力军。

在技术革新层面，2024 年堪称整车智能驾驶的开元之年，智能网联技术呈燎原之势迅猛发展。全国 50 多个城市积极布局智能网联汽车道路测试示范，开放测试道路达 3.2 万 km，其中约 1 万 km 道路完成智能化改造，AI 技术深度赋能，重新定义了智能驾驶的技术范式，高阶智能化配置如雨后春笋般涌现，让出行更智慧、更安全。与此同时，电池技术也喜讯频传，一些车企勇攀科技高峰，成功研发半固态电池，为电动汽车的续驶里程与性能提升注入了强大动力。

充电基础设施建设同样成绩斐然，国家能源局数据显示，截至2024年11月，我国累计建成充电桩1235.2万台，同比增长50%，这一数字背后是无数建设者日夜兼程的努力，全国高速公路服务区充电桩已基本覆盖，编织起了一张日益完善的充电网络，为电动汽车畅行奠定坚实基础。

然而，产业发展之路并非一路坦途，在全球竞争的舞台上，挑战与机遇并存。一方面，2024年国内市场新车辈出，超百款全新新能源车型扎堆亮相，各家车企你追我赶，销量屡创新高，市场活力空前迸发；另一方面，国际风云变幻，欧盟对中国电动汽车开征临时反补贴税，美国上调中国制造电动汽车关税税率，贸易保护主义阴霾笼罩，为中国电动汽车的海外拓展增添诸多变数。

这些翔实的中国电动汽车发展数据与现状，与书中内容紧密交织，全方位呈现出产业蓬勃且曲折的成长之路，凸显读者深入了解电动汽车领域全貌的紧迫性与重要性。

翻开书本，第1章精心构建与燃油车对比的场景，清晰勾勒出了电动汽车独特的动力特性、续驶优化路径及充电技术的飞跃，这些优势恰似灵动画笔，改写着人们的出行图景；深入第2章，丰富多样的构造分类、琳琅满目的车型种类，还有精妙复杂的动力系统差异，让人不禁为技术融合的巧思拍案叫绝；随着研读的深入，第3章展现了电动汽车发展长卷的波澜壮阔，全世界各地依循自身国情探索前行，科研人员的智慧结晶、政策制定者的高瞻远瞩尽在其中；聚焦第4章电池和电源系统，电池技术的迭代更新、车载电池的严苛要求，与我翻译的另一本《极简图解电池基本原理》积累的知识相互呼应，进一步加深对电动汽车核心动力的理解。

在研读关于电动机的结构种类、动力控制技术章节时，面对精细如艺术品的图示与晦涩的专业术语，我如探索未知的求知者，扎进海量资料，与行业专家频繁交流切磋，逐字逐句推敲，只为精准还原知识精髓，让读者轻松领悟；谈及充电基础设施，书中翔实剖析现状与挑战，宛如智慧长者为行业发展指点迷津；环保性章节则如明镜高悬，映照出电动汽车在应对气候变化、改善空气质量方面肩负的重任，彰显其深远意义；展望未来章节，更是开启一扇通往无限可能的时空之门，电池革新、驱动技术创新勾勒出的美好蓝图令人心潮澎湃，产业和市场难题虽似荆棘，却也激发奋进斗志。

我满怀热忱投身于传播知识的事业，衷心期望读者能凭借这本精心雕琢的佳作，紧跟电动汽车发展浪潮，驶向更加绿色、智能的出行新未来。回首那些挑灯夜战、攻克知识难关的时刻，每一次突破后的欣喜都化作对读者的深情期许，愿大家沉浸书中，尽情采撷知识硕果，张开双臂热情拥抱电动汽车的璀璨明天。

张娇

2025 年 1 月 20 日

原 书 前 言

电动汽车是一种实现了驱动电动化的汽车。根据定义的不同，有时混合动力汽车也包含在内，但在本书中，我们将把仅以电池为电源、仅依靠电动机驱动的汽车，包括 EV（"Electric Vehicle" 的缩写）、BEV（"Battery Electric Vehicle" 的缩写）统称为电动汽车（EV）。

电动汽车在行驶时不会排放对环境有害的废气，这一特性使其被视为环境保护的终极解决方案，并在全球范围内引起了广泛关注。伴随着大容量电池技术的进步，电动汽车的续驶能力得到了显著提升，为用户带来了更为便捷的使用体验。同时，随着世界各国对气候变化问题的日益关注，电动汽车因其零排放特性而受到了更多推崇，其销售量也呈现出爆发式的增长。

本书深入剖析了电动汽车的工作机制，从机械、电气及化学等多个角度为读者提供全面的讲解；结合生动直观的图表，详细解释了电动汽车的工作原理及其所面临的市场和技术挑战；此外，为了提供一个更广阔的视野，本书也探讨了混合动力汽车、插电式混合动力汽车及燃料电池汽车，这些与电动汽车相辅相成的技术，共同构成了现代绿色交通的蓝图。

然而，了解电动汽车并不仅是掌握一种技术或交通方式，它更关乎我们对未来社会的思考和期待。电动汽车的广泛应用不仅预示着交通领域的深刻变革，也与我们如何看待未来的能源结构及如何实现可持续发展的愿景紧密相连。

我真诚地希望通过阅读本书，您能更深入地理解这一社会变革，以及电动汽车在其中的重要角色。同时，我也要衷心感谢那些为本书提供宝贵意见和支持的大学及行业研究人员、技术人员，是他们的专业知识与经验，使这本书得以更加完善和丰富。

川边谦一

2023 年 6 月

目 录

极简图解电动汽车基本原理

第5章　作为动力源的电动机 ·········· **97**

电动机的种类和结构

~电动汽车初体验~

从驾驶中探索电动汽车的优缺点

作为环保汽车的电动汽车

▶▶ 电动汽车

电动汽车（Electric Vehicle，EV）是完全由电力驱动的新型汽车。从严格意义上讲，电动汽车有狭义与广义之分。但在本书中，我们将主要讨论狭义的电动汽车，即那些完全依靠动力蓄电池供电，并由电动机驱动的汽车。与广义的电动汽车相关的内容，我们将在 2-2 节中详细阐述。

▶▶ 电动汽车：环保出行的佼佼者

电动汽车和燃油车的最大区别在于行驶中是否会产生废气和噪声（见图 1-1）。一方面，燃油车在行驶过程中，发动机会排放含有有害物质（这些有害物质被认为是造成大气污染和全球变暖的原因）的废气，并发出很大的声音；另一方面，电动汽车在行驶过程中不会排放任何含有这些物质的废气，且比燃油车行驶时更安静。

因此，电动汽车在行驶过程中不会对环境造成负担，被认为是"环保汽车"的一种。

▶▶ 电动汽车的驾驶体验

要真正领略电动汽车的特性，最好的方式并非仅通过阅读资料，而是要亲自坐到驾驶座上，手握方向盘进行实际体验。电动汽车的许多独特之处，只有在真实的驾驶环境中才能真正感受到。

为了让读者更直观地了解电动汽车的特点，本章将通过日产"聆风"（第二代，2017 年后生产，见图 1-2）这款典型的日本产电动汽车，带领大家深入体验。请随着我们的描述，想象自己正驾驶这款电动汽车在道路上自由驰骋，感受它带来的全新驾驶乐趣。

图1-1　燃油车和电动汽车的最大区别

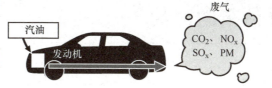

燃油车

汽油

发动机

废气

CO_2、NO_x
SO_x、PM

行驶中产生含有有害物质的废气和巨大噪声

电动汽车

行驶中不排放含有有害物质的废气，且能安静地行驶

电动机

图1-2　本章介绍的电动汽车

代表性的日本产电动汽车，日产"聆风"（第二代）

（照片提供：日产汽车）

要点

✎ 电动汽车也被称为"EV"（"Electric Vehicle"的缩写）。

✎ 电动汽车是用电动机驱动车轮的汽车。

✎ 电动汽车是环保汽车的一种。

与燃油车的对比

▶▶ 外观和内部装饰几乎相同

接下来，让我们比较一下"聆风"和燃油车的外观。

从外观上看，电动汽车与燃油车并无显著区别。当然，仔细观察会发现，电动汽车后部缺少了排气管，也没有加油口（见图1-3），但这些细微差异并不足以让电动汽车在整体上显得与众不同。

走进车内，电动汽车的内饰设计与燃油车的自动档（AT，英文全称为Automatic Transmission，代表自动变速器）车型颇为相似。驾驶座前方是方向盘，脚下有加速踏板和制动踏板，中控配备了变速杆和电动驻车制动杆。因此，从驾驶操作的角度来看，电动汽车与燃油车的自动档（AT）车型相差无几。

▶▶ 动力总成的结构差异

在电动汽车和燃油车中，与驱动相关的部分（称为动力总成）组成有很大不同（见图1-4），也就是说，动力传动的结构原理完全不同。

燃油车消耗储存在燃油箱中的燃料驱动发动机，通过变速器将得到的旋转力传递给车轮来驱动：发动机在气缸内部燃烧燃料，生成导致大气污染和全球变暖的有害物质，并从排气口排出。另外，发动机的气缸内部由于燃烧产生急剧的体积膨胀（爆炸），带动活塞运动产生动力，因此发动机在运转时会发出很大的声音，也会产生振动。

而电动汽车则是通过向动力蓄电池充电的电力驱动电机，并将其旋转力传递给车轮来驱动。也就是说，没有产生废气、噪声、振动的发动机，在行驶中不会产生废气和振动，比燃油车行驶时更安静。

图 1-3　从后面看到的"聆风"

外观和燃油车差不多，但车辆后方没有排气口等细微差异

图 1-4　燃油车与电动汽车的动力总成的结构差异（示意图）

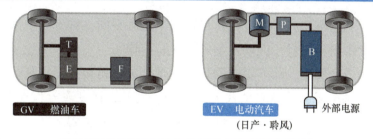

符号	名称	符号	名称
F	燃油箱	M	电动机
E	发动机	P	动力控制单元
T	变速器	B	动力蓄电池

要 点

✏ 电动汽车和燃油车在外观上几乎没有区别。

✏ 电动汽车和燃油车的动力总成结构不同。

✏ 电动汽车没有发动机，因此不排放废气，行驶时非常安静。

驾驶体验①：驾驶电动汽车

▶▶ 不需要起动发动机

那么试着驾驶"聆风"吧。

如前一节所述，电动汽车的驾驶舱布局与燃油车的自动档（AT）车型颇为相似（见图1-5）。然而，在实际驾驶中，电动汽车却为驾驶者带来了一种全新的体验。

但是，起动电动汽车的过程就与燃油车略有不同。由于电动汽车没有发动机，因此不需要进行"起动发动机"这一步骤。

当你坐进驾驶座，踩下制动踏板，并将电源按钮切换至"ON"位置时，电动汽车的系统便会悄然起动（见图1-6）。此时，速度表等仪表盘会亮起，空调（A/C）系统也开始工作，但不会听到发动机轰鸣的声音，也几乎感觉不到车身的抖动。

▶▶ 安静地出发

接下来的行驶操作，与自动档燃油车几乎相同，当你用手释放电动驻车制动杆，将变速杆推至"D"（驾驶）档位，然后松开制动踏板时，你会发现即使不踩加速踏板，"聆风"汽车也会以低速平稳地起动并前行。这种在自动档车型中常见的现象被称为"蠕行现象"，而电动汽车同样具备这一功能。

如上所述，尽管电动汽车在起动和操作上与燃油车的自动档车型存在细微差异，但整体而言，它们的驾驶方式却是大致相同的。这意味着，如果你已经具备驾驶燃油车的经验，那么驾驶电动汽车也将是轻而易举的事情。

图 1-5 "聆风"的驾驶座周围（日本款式）

与燃油车的自动档（AT）车型的构造基本相同

（照片提供：日产汽车）

图 1-6 "聆风"的电源按钮

踩下制动踏板后按下电源按钮（图中右侧），起动系统

要点

- 电动汽车驾驶座周围的结构与燃油车的自动档（AT）车型基本相同。
- 电动汽车系统在按下电源按钮后起动。
- 之后起步前的操作与燃油车的自动档（AT）车型基本相同。

第1章

驾驶体验②：平稳加速

▶▶ 没有变速器的电动汽车

接下来，让"聆风"加速。

当你轻轻踩下加速踏板时，"聆风"会安静且顺畅地加速。由于它没有传统的变速齿轮变速器（变速箱），因此无需操作变速杆，就可以轻松加速到最高限速（见图1-7）。这种感觉与驾驶燃油车的自动档（AT）车型有些相似，但不同的是，电动汽车不会像在许多AT车型中那样出现变速冲击现象（变速冲击是指车辆起步或变速过程中，出现较为强烈的振动或冲击感）。

▶▶ 顺利起动

"聆风"等电动汽车的起步性能比燃油车更为顺畅，这主要归功于电动机与发动机在转矩特性上的差异（见图1-8）。

发动机的转矩在静止时为零，并在某个转速时达到最大值。而电动机的转矩则在动力控制单元的管理下，从静止时就开始达到最大，并随着转速的增加而逐渐减小。这意味着电动机能在发动机不擅长的低转速范围内提供最大转矩，从而使得电动汽车的起步更为顺畅。

▶▶ "嗡嗡"声

电动汽车在行驶时通常非常安静。然而，在低速行驶时，车辆接近障碍物时警报装置会启动，发出声音以提醒周围的行人车辆正在接近。当你深踩加速踏板加速时，如果你仔细倾听，会听到一种音调逐渐上升的"嗡嗡"声，这种声音被称为励磁声（见第6章6-5节）。

图 1-7　"聆风"驱动部分的结构

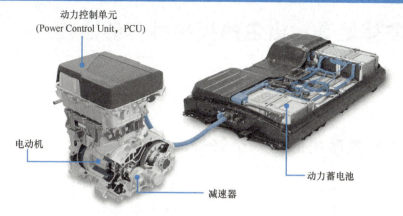

动力控制单元
(Power Control Unit，PCU)

电动机

减速器

动力蓄电池

- 由于电动机动力通过减速器传递到车轮，所以没有变速器
- 电动机控制由动力控制单元进行

（照片提供：日产汽车）

图 1-8　电动机与发动机的转矩曲线

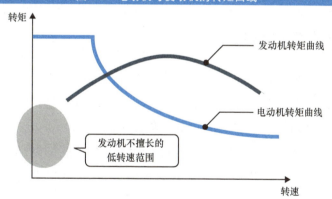

转矩

发动机转矩曲线

电动机转矩曲线

发动机不擅长的
低转速范围

转速

电动机可以在转速为零的状态下发挥最大的转矩

出处：EV DAYS "什么是电动汽车的电动机?"

要点

- 电动汽车因为没有变速器，所以能够平滑地加速。
- 电动汽车的起步比燃油车更加顺畅。
- 当电动汽车加速时，会产生一种称为"嗡嗡"的励磁声。

驾驶体验③：出色的操控性与静谧性

▶▶ 没有发动机的另一个好处

电动汽车无需发动机，因此具有零件配置自由度高的优点。对于传统的燃油车而言，发动机的位置直接限定了变速器和驱动轴等较重零件的配置。

与此不同，电动汽车不受这些束缚，能够更自如地调整如动力蓄电池、电动机和动力控制单元（参见 6-1 节）等较重零件的配置。因此，这种配置的灵活性有助于电动汽车更容易地实现理想的重量平衡和低重心化，进而优化其操控性。

▶▶ 优异的转弯性能

以"聆风"为例，它将重量较大的动力蓄电池巧妙地安装在车辆底部的近乎中心位置，既实现了低重心化，又结合了坚固且不易变形的车身，显著提升了转弯（方向盘）操作的灵敏度（见图 1-9）。

值得一提的是，"聆风"还通过独立控制每个轮胎的制动，显著提高了车辆在转弯时的稳定性和顺畅性（见图 1-10）。在山区多弯的道路上，驾驶"聆风"无疑会带给你难忘的驾驶体验。

▶▶ 卓越的静谧性

至于静谧性，电动汽车（如"聆风"）在这方面的表现也极为出色。尽管在细听之下可以捕捉到轻微的"嗡嗡"的磁励音，但与燃油车相比，电动汽车内部的静谧性显然更胜一筹。特别是在车窗打开行驶时，这种对比更为明显。

总的来说，电动汽车凭借其零部件配置的灵活性、优越的操控性和出色的静谧性，无疑为现代驾驶带来了全新的体验。

图1-9 "聆风"的动力总成

通过将重量较大的动力蓄电池安装在车辆底盘的近乎中心位置，
实现了接近理想的重量平衡和低重心化

（照片提供：日产汽车）

图1-10 聆风和燃油车前轮驱动车 (FF车，FF的英文全称是 Front Engine，
Front Drive，即前置引擎，前轮驱动) **在转弯方面的区别**

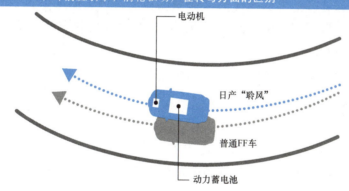

实现了接近理想中的重量平衡和低重心化

（照片：日产汽车）

"聆风"通过低重心化和高刚性车身，实现了平滑的转弯性能

出处：日产汽车"聆风"官方网站。

要点

- 🖊 电动汽车更容易实现接近理想的重量平衡和低重心化。
- 🖊 电动汽车更容易提高操控性，尤其是转弯性能。
- 🖊 电动汽车比燃油车具有更高的静谧性。

驾驶体验④：发电与减速并行

▶▶ 电动机也可以制动

接下来，让我们在驾驶"聆风"时尝试减速。

电动汽车与燃油车一样，当踩下制动踏板时电动汽车就会制动。在"聆风"车型中，有一个被称为"e-Pedal（电子踏板）"的功能，启用它后，只需松开加速踏板即可制动。

当制动启动时，不仅液压制动器会起作用，再生制动器也会开始工作。液压制动是一种利用液压机械作用的制动，而再生制动则是利用电动机进行制动的一种方式。

在电动汽车中，电动机也可起到制动的作用。

▶▶ 动力回收

当再生制动启动时，电动机作为发电机发挥作用（见图 1-11）。因此，车辆的一部分动能会被电动机从动能转换为电能，并在动力蓄电池中将电能转换为化学能进行储存（见图 1-12），供未来加速时使用，实现了能量的高效回收与再利用。

▶▶ 节约能源的办法

再生制动不仅兼容液压制动，而且能有效节约电动汽车的能耗。在车辆减速时，它回收车辆的一部分动能，并将其储存在动力蓄电池内。当车辆再次加速时，这些储存的能量便可重新加以利用，从而实现了能量的高效循环利用。

图 1-11　电动机成为发电机的原理（直流电动机的情况）

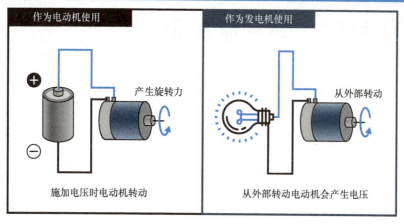

| 作为电动机使用 | 作为发电机使用 |

产生旋转力

从外部转动

施加电压时电动机转动

从外部转动电动机会产生电压

电动机在来自外部力的作用下转动时会成为发电机进行发电

图 1-12　再生制动的原理

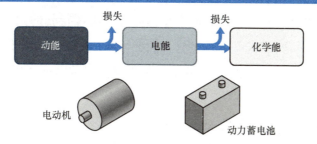

损失　　　　损失

动能　　电能　　化学能

电动机　　　　动力蓄电池

- 车辆的一部分动能通过电动机转换为电能，并在动力蓄电池中将电能转换为化学能进行储存
- 在这个过程中，一部分动能被消耗，从而产生制动力

要　点

✎ 在电动汽车中，液压制动和再生制动都会工作。

✎ 再生制动是一种使用电动机进行制动的技术。

✎ 通过使用再生制动，可以进行能量的回收利用。

驾驶体验⑤：续驶能力探讨

▶▶ 可行驶距离和亏电

在电动汽车中，可行驶距离和动力蓄电池的剩余电量的实时显示对于驾驶者至关重要。在日产"聆风"车型中，可行驶距离（km）和动力蓄电池的剩余电量（％）信息被巧妙地呈现在驾驶座前方的速度表左侧，让驾驶者一目了然（见图1-13）。

随着行驶的推进，这些数值会逐渐递减，警示着电量的消耗。当数值趋近于零时，意味着电池电量告急，电动汽车将面临无法继续行驶的困境。此时，我们称为"电量不足"或"亏电""缺电"，而非传统汽车的"油量不足"。

为避免陷入电量不足的窘境，驾驶者需提前为动力蓄电池充电，确保其拥有足够的续驶能力。

▶▶ 动力蓄电池容量决定续驶里程

续驶里程，即汽车在一次能源补给（如加油、充电、燃料填充）后能行驶的最大距离。对于电动汽车而言，这一指标主要受制于动力蓄电池容量的大小。

目前，电动汽车普遍被认为是短途出行的理想选择（见图1-14），其续驶里程相较于混合动力汽车（HV）、插电式混合动力汽车（PHV）及燃料电池汽车（FCV）等新型汽车技术而言，仍有所不足。

然而，电动汽车的续驶性能并非不可提升。通过增加动力蓄电池容量、研发更先进的电池（如低成本、高能量密度的电池），可以有效延长电动汽车的续驶里程。

此外，降低行驶过程中的能耗也是提升电动汽车续驶能力的重要途径。驾驶者可以通过避免急加速和急减速，减少不必要的能源消耗；同时，合理使用车载空调等附属设备，也能为延长续驶里程做出贡献。

图 1-13　"聆风"主驾驶位的仪表盘

速度表左侧显示了可行驶距离（图中为 360km）和
动力蓄电池的剩余电量（图中为 100%）。

图 1-14　各种汽车的续驶里程

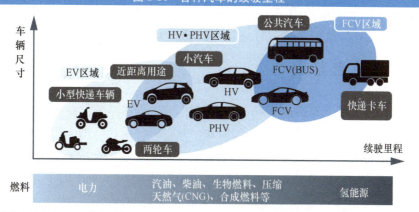

- EV 代表电动汽车，HV 代表混合动力汽车，PHV 代表插电式混合动力汽车、FCV 代表燃料电池汽车
- 由于电动汽车的续驶里程较短，适合短途使用

出处：以一般社团法人日本汽车工业会"面向 2050 年碳中和的课题和措施"为基础制作。

要点

- 许多电动汽车都会显示可行驶距离和动力蓄电池的剩余电量。
- 当动力蓄电池的电量降至零时，电力不足，将无法行驶。
- 汽车在一次能量补给下能够行驶的距离被称为续驶里程。

充电①：充电方式简介

▶▶ 两个充电端口

接下来让我们来探索一下如何为电动汽车充电。与燃油车加油相似，但电动汽车的充电在概念和执行频率上有所不同。

要开始充电，请先打开充电口的盖子。在"聆风"中，只需简单拉动车内的控制杆，车头前机舱盖上方的盖子便会自动弹开，展现出两个充电接口（见图 1-15）。这两个接口分别对应普通充电和快速充电。

▶▶ 两种充电方式

电动汽车的充电方式主要分为普通充电和快速充电两种（见图 1-16）。一方面，普通充电采用小电流为电池充电，虽然耗时较长，但对电池的负担小，能够确保电池充分充电。若打算在家中充电，需在停车场预装充电桩。

另一方面，快速充电则是一种应急措施，主要用于外出时电量不足的情况。它通过大电流在短时间内为电池充电，一般 30～60min 即可完成，比普通充电迅速许多。但请注意，快速充电对电池的负荷较大，通常只能充电至80%（日本现状）。进行快速充电时，需前往配备快速充电桩的充电站。

总的来说，与燃油车加油相比，电动汽车的充电确实需要更多时间。因此，有些人可能会觉得"电动汽车不方便"，然而，只要您了解并适应了这两种充电方式的特点，就能轻松、高效地使用电动汽车。

图 1-15　位于"聆风"前部的充电端口

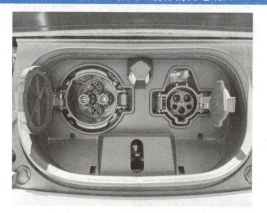

左边是快速充电用的充电端口，右边是普通充电用的充电端口

图 1-16　普通充电和快速充电所需时间（日本现状）

	普通充电	快速充电
充电所需时间	大约8h (6kW充电器) 约16h (3kW充电器)	大约40min (但CHAdeMO充电 一次最多30min)

※ 充电所需时间为搭载日产"聆风"40kW·h电池的车辆的充电所需时间。

※ CHAdeMO是日本电动汽车快速充电器协会作为标准倡导的快速充电器商标名称。

要点

✎ 电动汽车的充电方式包括普通充电和快速充电。

✎ 普通充电是通常使用的充电方法，比快速充电需要更长的时间。

✎ 快速充电主要是在外出时进行的充电方式，一般需要 30~60min。

充电②：家用充电设施的安装

▶▶ 日常充电

电动汽车主要是基于日常普通充电的设计理念而打造的。频繁使用快速充电可能会对动力蓄电池造成过早损耗。

然而，如前文所述，普通充电所需时间较长。以日产"聆风"（电池容量40kW·h）为例，普通充电需要8~16h。

因此，如果打算将电动汽车作为日常用车，那么在家中（无论是独栋住宅还是公寓）设置一个适合普通充电的环境就显得尤为重要。每次用车归来后，应立即将充电线接入电动汽车的充电端口，开始为动力蓄电池充电（见图1-17）。

这与燃油车在油量耗尽前去加油站加油的概念截然不同。

▶▶ 有两种普通充电（日本情况）

在日本，为了在家庭停车场进行普通充电，需要使用专用电缆将家中电源与电动汽车连接起来（见图1-18）。

这里有两种连接方式可选：一是将停车场附近的普通插座（AC 100V）与电动汽车充电端口相连；二是将专用的充电插座（AC 200V）与电动汽车充电端口相连。前者电压较低，无法传输大电流，因此充电时间相对较长。而后者则需要请专业人员安装专用充电桩，但可以显著缩短充电时间。

图 1-17　电动汽车在家里进行普通充电

用电缆连接安装在家里的充电插座和电动汽车充电端口

（照片提供：日产汽车）

图 1-18　充电插座（AC 200V）

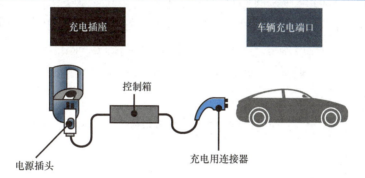

充电插座　　　　　　　　　　车辆充电端口

控制箱

电源插头　　　　　充电用连接器

安装需要专业人员施工

出处：EV DAYS "EV 充电插座"。

要点

✎ 电动汽车基本上是以每天进行普通充电为前提设计的。

✎ 在家中为电动汽车充电需要专用设备。

✎ 普通充电有两种不同电压的方法（日本情况）。

充电③：外出时寻找充电站

▶▶ 面临亏电时

当电动汽车在外行驶电量不足时，需要及时找到充电站进行充电。包括充电站在内的充电设备主要分为普通充电用和快速充电用两种，而在外出急需时，通常会选择快速充电站，因其能在短时间内为电池补充能量。

根据 CHAdeMO 协会的调查，截至 2022 年 5 月，日本全国范围内有 7800 个快速充电站，遍布各地。在城市密集区域，寻找附近的充电站并非难事。

寻找最近的充电站有多种便捷方式。最常用的是利用电动汽车内置的车载导航系统，如"聆风"车型中的系统，能够迅速提供附近充电站的信息及导航路线（见图 1-19）。

▶▶ 通过智能手机或计算机进行确认（日本现状）

此外，通过智能手机或计算机搜索也是一种有效方法。在谷歌软件上简单搜索"EV 充电"并选择地图显示，即可快速定位充电站。更进一步，单击选中的位置，还可以获取充电站的详细信息，并规划出最佳路线。但请注意，部分充电站的详细信息可能无法获取。

在日本，若希望在出行前就确认好充电站的位置，推荐安装如"GoGoEV"等智能手机应用程序。这类应用能展示日本国内所有充电站的位置、详细信息及导航路线（见图 1-20），让您的电动汽车之旅更加无忧。

图 1-19　在"聆风"车载导航画面上显示的充电站的位置

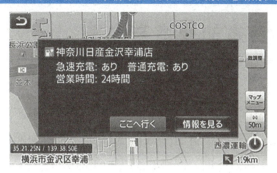

如果选择位置，就会得到与充电站相关的信息，并显示到那里的路线

出处：日产"聆风官方网站"。

图 1-20　智能手机应用程序"GoGoEV"的画面

驾驶前知道充电站的位置很重要

要点

- ✎ 如果电动汽车快要亏电的话，可以使用车载导航系统寻找充电站。
- ✎ 也可以通过智能手机或计算机搜索充电站的位置。
- ✎ 安装一个寻找充电站的应用程序会很方便。

充电④：日本的快速充电

▶▶ 到达充电站后

在日本，广泛采用了一种名为 CHAdeMO 的快速充电标准。接下来，我们将详细介绍在符合 CHAdeMO 标准的充电站如何进行快速充电。

当驾驶电动汽车抵达支持 CHAdeMO 的快速充电站时，首要步骤是将充电电缆的连接器插入电动汽车充电端口。随后，需要在充电终端上进行操作以启动充电流程（见图 1-21）。

值得注意的是，充电费用并非通过现金支付，而是使用与充电终端兼容的充电卡来支付（见图 1-22）。这些充电卡可能由汽车制造商发行，或者是像日本永旺株式会社的 WAON（旺）卡这样的第三方卡。但请注意，不同的充电站可能接受不同的充电卡类型，因此在前往充电站之前最好先做好相关查询。

此外，虽然也可以使用信用卡支付充电费用，但这种方式操作相对复杂，且费用可能会稍高一些。如果选择使用信用卡支付，需要先联系充电站的管理公司，提供信用卡信息，并通过远程操作启动充电站。

▶▶ 快速充电

完成支付后，只需将充电卡贴近终端，即可自动启动快速充电。当电池电量充至约80%，或充电时间达到 30min 时（CHAdeMO 标准的时间限制），快速充电将自动停止。

注意，快速充电使用的连接器比普通充电使用的更大，电缆也更粗、更重，这种设计是为了在短时间内传输大容量的电流。

快速充电结束后，记得从电动汽车的充电端口拔出连接器，并将其归位。最后，在充电终端结束充电，至此，整个充电过程就完成了。

图 1-21　充电站终端示例

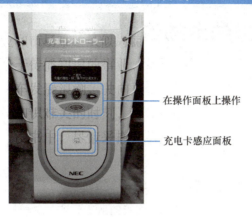

在操作面板上操作

充电卡感应面板

图 1-22　充电卡示例（电子移动电源卡，旧 NCS 卡）

贴近充电卡感应面板

e-Mobility Power 网站"e-Mobility Power 提供的充电服务指南"

注：日本充电公司的英文缩写是 NCS。

要 点

- 在日本，主要使用的快速充电标准被称为 CHAdeMO。
- 要使用充电站，需要充电卡。
- 使用信用卡操作可能会变得烦琐，有时费用也会较高。

深入体验后的电动汽车评价

▶▶ 体验驾驶和充电

至此，我们通过模拟"聆风"的驾驶与充电体验，向大家深入介绍了电动汽车的独特之处。那么，你的感受如何呢？

对于那些向往电动汽车"静谧而强劲"驾驶体验的朋友们，或许已经跃跃欲试，想要亲自驾驶一番了。然而，如果觉得"充电过程太烦琐"，可能会对电动汽车望而却步。你属于哪一种态度呢？

▶▶ 电动汽车的优、缺点

现在，让我们站在用户的立场，来总结一下电动汽车相较于燃油车的优劣之处（见图 1-23）。

电动汽车的显著优点：零排放，从低速开始就能提供强劲的加速力，驾驶过程平稳且加速流畅，操作灵活且车内环境静谧；另外，由于电动汽车没有发动机，因此无需定期更换发动机油、风扇、传动带等易耗品，从而降低了维护成本。

然而，电动汽车也存在一些不足。通常，其续驶里程相对较短，且充电过程与燃油车的加油方式大相径庭。

此外，目前电动汽车的售价普遍高于燃油车，即使有政府补贴，其初期投入成本也相对较高（见图 1-24）。当然，在评估成本时，我们不仅需要比较车辆价格，还应综合考虑充电费用和保养费用等总体开支。

值得注意的是，以上分析仅从用户角度出发。实际上，我们应该从更宏观的视角，如不同国家的环境政策、汽车产业战略和能源政策等方面，来全面权衡电动汽车的优缺点。

图 1-23　电动汽车和燃油车的比较（日本市场）		
	燃油车	电动汽车
驱动用动力源	发动机	电动机
行驶时产生的有害物质	有	无
行驶时发出的声音	大	小
续驶里程	长	短(部分车型除外)
能量补给所需时间	短(几分钟)	长(快速充电30～60min)
车辆价格	便宜	高

图 1-24　续驶里程与车辆价格的差异（截至 2023 年 3 月）				
	车型	动力蓄电池容量	续驶里程(WLTC模式)	车辆价格(含消费税)
燃油车	丰田"雅力士"X		808km(※)	147万日元
	本田"飞度"BASIC		748km(※)	159万2800日元
混合动力汽车	丰田"普瑞斯"Z	非公开	1230km(※)	370万日元
	日产"Notee-Power"X	非公开	1427km(※)	224万9500日元
电动汽车	日产"聆风"X	40kW·h	322km	408万1000日元
	特斯拉"Model3"	非公开	565km	536万9000日元

※ 按油耗×燃油箱容量计算。　　　　　WLTC模式：国际油耗测量方法。

要 点

✎ 电动汽车和燃油车各自都有优点和缺点。

✎ 电动汽车的价格比燃油车要高。

✎ 两者需要从更广泛的角度进行比较，并分别进行评估。

确认一下附近充电站的位置吧

用智能手机搜索

正如 1-10 节所述，充电站的位置可以通过智能手机来确认。请尝试使用"Google"等搜索软件或"GoGoEV"等应用程序，查找您当前位置附近的充电站位置。

在计算机上搜索

充电站的位置也可以通过计算机来搜索。如果在驾驶电动汽车前想要确认较大范围内的充电站位置，使用屏幕较大的计算机会更方便。但是，在行驶过程中，如果需要从当前位置导航至充电站，使用智能手机应用程序会更方便。

充电站的位置

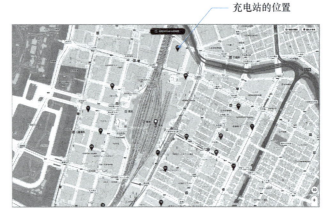

在计算机上搜索到的东京站附近的充电站位置（引用自 NAVITIME）。

第 **2** 章

~电动汽车的构造与分类~

动力总成的多样性

电动汽车的基本结构

▶▶ 车身和底盘

汽车的主要构造由车身和底盘两大部分构成（见图 2-1）。车身设计成一个箱状结构，其主要功能是承载乘客和货物。而底盘作为一个带有车轮的行驶装置，配备了悬挂系统，这个系统的主要作用是减少传递到车身的振动和冲击。简而言之，电动汽车的整体结构是由底盘支撑着车身。

在车身结构上，电动汽车与燃油车并没有太大的差异。当我们深入探讨底盘结构时，会发现除了动力总成这一关键部分外，电动汽车与燃油车的设计基本上是相似的。

▶▶ 动力总成的特点

如 1-2 节所述，电动汽车和燃油车之间的核心差异主要体现在动力总成的结构上。

电动汽车的动力总成主要由三大部件构成：电动机、动力控制单元（Power Control Unit，PCU）及动力蓄电池。

相较于燃油车，电动汽车的动力总成在结构上显得更为简洁。这是因为电动汽车省去了发动机、变速器等复杂部件，这些部件通常由大量零件组成。

因此，从总体零件数量上看，电动汽车明显少于燃油车（见图 2-2）。具体而言，根据不同的统计方法，一辆燃油车的零部件数量为 3 万~10 万个，而一辆电动汽车则仅有 1 万~2 万个零部件。

此外，值得注意的是，电动汽车中黑匣子化零部件的比例较高。这意味着，在维护电动汽车时，可能需要不同于燃油车的专业知识和技能。

备注：黑匣子化零部件是指品牌商提供性能和装配要求，完全由供应商负责设计、制造的零部件。

图 2-1 乘用车的基本结构（燃油车）

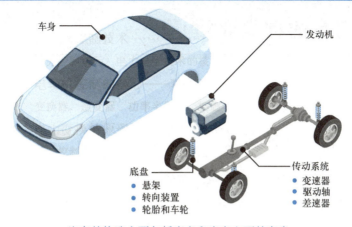

车身

发动机

底盘
- 悬架
- 转向装置
- 轮胎和车轮

传动系统
- 变速器
- 驱动轴
- 差速器

汽车的构造主要包括底盘和底盘上面的车身

出处：Freepik/作者：macrovector。

图 2-2 燃油车和电动汽车的零部件数量

	燃油车	电动汽车
车身结构	复杂	简单
零部件数量	3万~10万个	1万~2万个
动力源	发动机	电动机
主要零件	离合器、消声器、散热器、燃油箱、变速器、发动机	动力蓄电池动力控制单元、电动机

电动车的零部件数量比燃油车少

要点

- 电动汽车的构造大致分为车身和底盘两部分。
- 底盘中"与驱动相关的部分"被称为动力总成。
- 电动汽车的动力总成中，黑匣子化零部件较多。

电动汽车的种类介绍

▶▶ 狭义和广义的定义

接下来，我们将深入探讨电动汽车的多种类型。

电动汽车可从狭义和广义两个角度来理解（见图2-3）。狭义上的电动汽车，特指那些以电池为动力源，依赖电动机进行驱动的汽车。而从更宽泛的视角来看，广义的电动汽车则覆盖了所有通过电动机驱动的各类车辆，如混合动力汽车（HV）、插电式混合动力汽车（PHV）及燃料电池汽车（FCV）等。因此，我们有时会将狭义的电动汽车专指为电池式电动汽车（BEV）或纯电动汽车，而将广义的电动汽车泛指为电动车辆（xEV）（见图2-4）。

在本书中，为了与日本地区的普遍称呼保持一致，我们将狭义的电池式电动汽车简称为电动汽车（EV），而将广义的电动汽车统一称为电动车辆（xEV）。

▶▶ 电动汽车开发的背景

如前所述，电动汽车在当下常被誉为"环保汽车"。与传统的燃油车相比，它们在行驶过程中产生的有害废气显著减少，甚至达到了零排放的标准。

这一环保理念的产生，源于人们对燃油车废气排放问题的深刻认识。这些废气排放被视为导致大气污染和全球气候变暖的重要因素之一。

因此，近年来新兴的电动汽车，包括纯电动汽车和燃料电池汽车，正是为了应对由传统燃油车所引发的一系列环境问题而诞生的。这些创新型的车辆由于彻底摒弃了传统的内燃机，因此在行驶过程中完全不会产生有害废气，从而也被赞誉为"终极环保汽车"。这不仅代表了汽车技术的重大突破，更体现了我们向更加绿色、更加可持续的未来迈进的坚定决心。

图 2-3　电动汽车的狭义和广义

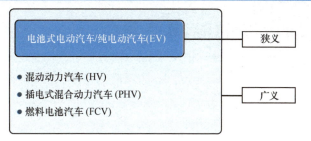

电池式电动汽车/纯电动汽车(EV) —— 狭义

- 混动动力汽车 (HV)
- 插电式混合动力汽车 (PHV)
- 燃料电池汽车 (FCV)

—— 广义

图 2-4　主要电动汽车的种类（日本国内）

	日语称谓	英语全称	简称
电动汽车(xEV)	电动汽车	Electric Vehicle (Battery Electric Vehicle)	EV(BEV)
	混合动力汽车	Hybrid Vehicle (Hybrid Electric Vehicle)	HV(HEV)
	插电式混合动力汽车	Plug-in Hybrid Vehicle (Plug-in Hybrid Electric Vehicle)	PHV(PHEV)
	燃料电池汽车	Fuel Cell Vehicle (Fuel Cell Electric Vehicle)	FCV(FCEV)

第2章

要点

✎ 狭义的电动汽车也被称为电池式电动汽车（BEV）或纯电动汽车。

✎ 广义的电动汽车指的是由电动机驱动的所有电动车辆（xEV）。

✎ 近年来出现的电动汽车是为了缓解环境问题而开发的。

各类电动汽车的结构差异

▶▶ 动力总成的差异

在上一节中，我们详细介绍了 4 种不同类型的汽车——电动汽车、混合动力汽车、插电式混合动力汽车及燃料电池汽车。这些车型在动力总成结构上各不相同（见图 2-5）。电动汽车的设计相对直观简洁，而混合动力汽车、插电式混合动力汽车及燃料电池汽车则在技术上显得更为精湛复杂。

一方面，混合动力汽车与插电式混合动力汽车均融合了电动机和传统发动机，实现了双重动力驱动。特别值得一提的是，插电式混合动力汽车不仅继承了混合动力汽车的双重动力优点，还能通过外部电源进行充电，并配备了与电动汽车相似的充电端口，极大地提升了使用的便捷性。

另一方面，纯电动汽车和燃料电池汽车则完全依赖于电动机提供驱动力。由于彻底摒弃了传统发动机，这两类汽车在行驶过程中既不会排放有害废气，也几乎不产生噪声，真正实现了环保、静音的驾驶体验。

▶▶ 续驶里程长的电动汽车

正如我们在 1-7 节中所探讨的，电动汽车相较于燃油车，其续驶里程通常较短，这在一定程度上限制了其广泛应用。为了突破这一瓶颈，混合动力汽车、插电式混合动力汽车及燃料电池汽车应运而生。

混合动力汽车通过引入能源回收系统，显著提升了续驶里程，部分乘用车的续驶里程甚至能突破 1000km。而插电式混合动力汽车则通过外部充电的方式，进一步增强了续驶能力。

至于燃料电池汽车，它在纯电动汽车的基础上，创造性地增加了燃料电池发电装置和燃油箱。这一创新设计不仅保留了电动汽车的环保特性，还赋予了其更长的续驶里程，为未来的绿色出行提供了更多可能性。

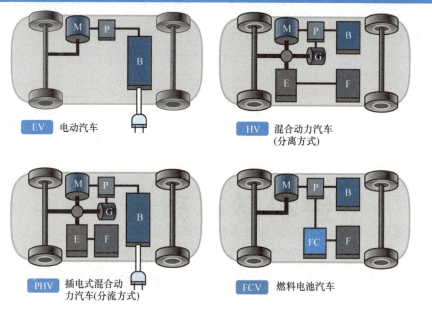

图 2-5　各种电动汽车的动力总成结构（以丰田为例）

EV　电动汽车

HV　混合动力汽车
（分离方式）

PHV　插电式混合动
力汽车(分流方式)

FCV　燃料电池汽车

M	电动机	B	动力蓄电池
E	发动机	F	燃油箱
G	发电机	FC	燃料电池
P	动力控制单元		外部电源

电动汽车和插电式混合动力汽车可以通过外部电源对动力蓄电池充电

要点

✎ 电动汽车的动力总成结构因类型而异。

✎ 一般来说，电动汽车的续驶里程比燃油车短。

✎ 在混合动力乘用车中，也有一些车型的续驶里程可以超过 1000km。

电动汽车的共同点

▶▶ 能量回收

目前市面上销售的电动汽车的动力总成展现出一些显著的共同点。它们都装备了大容量动力蓄电池（二次电池，即可充电电池，可以通过外部电源进行充电），并采用了能够实现再生制动的结构设计。

这些先进技术使得能量得以有效回收，从而显著提升了电动汽车整体的能源利用效率。这一创新已成为减少电力或燃料消耗、延长续驶里程的关键因素。

▶▶ 提高能量效率的再生制动

再生制动，作为一种独特的制动方式，巧妙地利用了电动机的双重性质——既能驱动也能发电。在车辆减速时，车轮的转动会驱动电动机运转，进而将产生的电能充入动力蓄电池，同时提供必要的制动力（见图2-6）。

如今，再生制动技术已成为所有电动汽车的标配。为了更直观地理解这一技术在能量转换方面的优势，我们可以将其与传统的燃油车进行对比。

在传统的燃油车中，当车辆减速时，汽车的运动能量主要通过液压制动或发动机制动转换为热能，并最终散失到大气中。简而言之，这些宝贵的能量在过去被白白浪费了。

然而，在现代电动汽车中，减速过程同时利用了再生制动和液压制动两种机制。通过再生制动，汽车的部分动能被电动机转换为电能，进而在动力蓄电池中以化学能的形式储存起来。这意味着，过去被浪费的能量现在得以回收并用于为动力蓄电池充电。在下一次加速时，这些储存的能量将被释放出来，驱动电动机运转，从而实现了能量的循环利用。

图 2-6 加速和减速时的能量转换

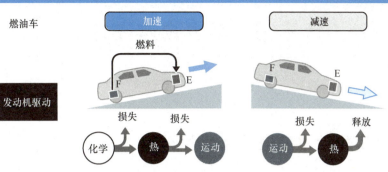

燃油车

加速　　　减速

发动机驱动

燃料

损失　　损失　　　　损失　　释放

化学 → 热 → 运动　　　运动 → 热 → 释放

用发动机燃烧燃料来获得动力　　将制动转换为热能，释放到大气中

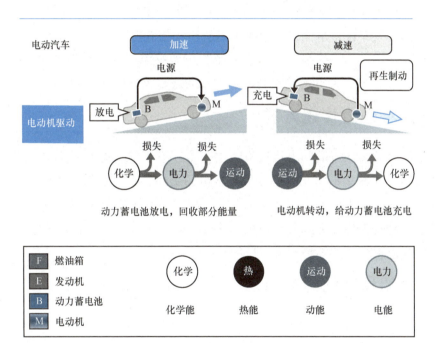

电动汽车

加速　　　减速

电动机驱动

电源　　　　　电源　　再生制动

放电　B　　　M　　充电　B　　M

损失　　损失　　　　损失　　损失

化学 → 电力 → 运动　　　运动 → 电力 → 化学

动力蓄电池放电，回收部分能量　　电动机转动，给动力蓄电池充电

F	燃油箱	化学	热	运动	电力
E	发动机				
B	动力蓄电池	化学能	热能	动能	电能
M	电动机				

要　点

✐ 目前的电动汽车采用了大容量电池和再生制动。

✐ 燃油车在减速时会消耗很多能量。

✐ 使用再生制动可以提高电动汽车的能量效率。

第
2
章

混合动力汽车①：动力传递方式

▶▶ 采用发动机和电动机两种驱动方式

混合动力汽车，顾名思义，是指融合了传统发动机驱动和电动机驱动两大系统的汽车。相较于传统的燃油车，这种复合型的动力系统设计无疑增加了其结构的复杂性，从而也导致了车辆价格的相应提升。

回溯历史，丰田的第一代"普锐斯"可谓是混合动力乘用车的先驱，自1997 年问世以来，便开启了混合动力汽车的新纪元（见图 2-7）。

▶▶ 三种动力传递方式

在混合动力汽车的动力传递方式上，存在着串联、并联及串并联三种不同的配置（见图 2-8）。值得一提的是，市场上还存在一些借鉴了混合动力汽车优点的简化版本，如"微混动力"等，但本书将不对此做深入探讨。

这三种动力传递方式各具特色，既有优势也有局限。在接下来的 2-6~2-8 节中，我们将对它们的特点进行详尽剖析。

▶▶ 早期量产的镍氢电池

谈及混合动力汽车的电池选择，镍氢电池因其卓越的安全性和可靠性，以及早期量产的成熟技术，成为主流选择。然而，随着技术的进步，锂离子电池也逐渐在某些车型中得到应用。

关于动力蓄电池与辅助电池之间的具体差异，我们将在 4-3 节中做进一步的阐释。

图 2-7　世界上第一辆量产的混合动力乘用车

丰田于 1997 年开始销售的第一代"普锐斯"

（照片提供：丰田汽车）

图 2-8　混合动力汽车中使用的 3 种动力传递方式

动力传递方式	代表车型
串联方式	日产"Note e-POWER"
并联方式	本田"Insight"
串并联方式	丰田"普锐斯"

要点

　✎ 混合动力汽车的结构比燃油车更复杂，价格也更高。

　✎ 混合动力汽车的动力传递方式有 3 种。

　✎ 混合动力汽车主要采用镍氢电池。

混合动力汽车②：串联方式和并联方式

▶▶ 使用发动机驱动发电机的串联方式

串联方式，顾名思义，是指将传动系统的各个组件依次串联起来的方式（见图 2-9）。在这种配置下，发动机专门用于驱动发电机，而发电机产生的电能则供给电动机，进而驱动车轮。

值得注意的是，发动机的动力并不直接传递到车轮，而是全部转换为电能。因此，这种方式也可以被视为一种"搭载有由发动机驱动的发电机的电动汽车"。电流的路径是从发电机经过动力控制单元，再流向电动机或动力蓄电池。

日产的"e-POWER"系统就是串联方式的一个典型应用。例如，"Note e-POWER"（见图 2-10）和"Serena e-POWER"等车型，它们都大量借鉴了日产电动汽车"聆风"的技术。

▶▶ 发动机和电动机共同驱动车轮的并联方式

并联方式则与串联方式不同，它将传动系统的设备以并排的方式连接。在这种方式下，车轮的驱动既可以直接来自发动机，也可以来自电动机。发动机的动力通过变速器、离合器及减速器（齿轮装置）传递到车轮。

而电动机的动力则通过减速器直接传递给车轮。这种配置的灵活性在于，当不向电动机供电时，车辆可以仅靠发动机驱动；同时，当利用发动机的动力来驱动电动机时，电动机可以发电并将电能储存在动力蓄电池中。此外，如果通过离合器将发动机分离，车辆也可以仅靠电动机驱动。

本田的"IMA 系统"就是并联方式的一个代表性应用。例如，本田的"Insight"（见图 2-11）和"Fit Hybrid"（飞度）等车型都采用了这种系统。这种系统使得车辆在保持高效能的同时，也具备了更好的燃油经济性和环保性。

图 2-9 串联方式和并联方式的结构

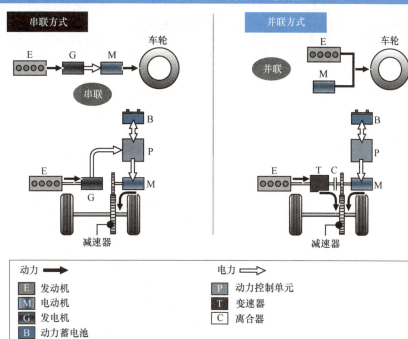

驱动系统的设备在串联方式中串联排列，在并联方式中并联排列

图 2-10 日产的第一代"Note e-POWER"

（照片提供：日产汽车）

图 2-11 本田的第一代"Insight"

（照片提供：本田技研工业）

要点

- ✏ 在串联方式中，传动系统的设备串联排列。
- ✏ 在并联方式中，传动系统的设备并联排列。

混合动力汽车③：串并联方式

▶▶ 结合了两种驱动方式的串并联方式

串并联方式融合了串联与并联两种动力传递模式的优点，它可以根据实时行驶条件灵活切换多种动力传递模式，从而充分利用发动机和电动机的最佳性能，实现更高的燃油效率。然而，这种方式的不足之处在于其动力总成的结构相对复杂，并且会增加制造成本。

串并联方式主要分为两大类：一类是依靠离合器进行切换，另一类则通过动力分配机构（也称为分动方式）来实现，如图 2-12 所示。通过这些机构，发动机可以与传动系统灵活分离，使得在停车时能够利用发动机的动力为动力蓄电池充电，或者在行驶过程中关闭发动机，仅依赖电动机驱动，类似于电动汽车的运营模式。

值得一提的是，丰田公司采用了一种独特的分动方式，即使用行星齿轮机构作为动力分配装置。我们将在接下来的章节中深入探讨这种方式。

▶▶ 通过动力控制单元切换动力传递模式

在串并联方式中，动力控制单元负责智能地选择和切换最优的动力传递模式（见图 2-13）。具体来说，它会接收行驶速度、电动机负载及动力蓄电池的剩余电量等信息作为输入信号，并迅速分析出最合适的动力传递模式，然后输出相应的切换信号。

这些可选择的动力传递模式包括串联模式、并联模式，以及一种既非串联也非并联的过渡模式，确保了动力传递的灵活性和高效性。

图 2-12　串并联方式的结构

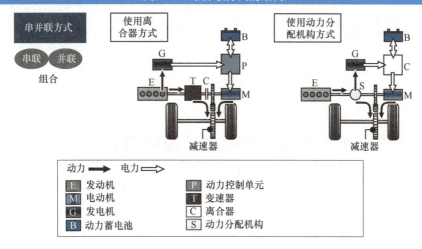

根据需要可以切换为串联方式和并联方式

图 2-13　串并联方式切换

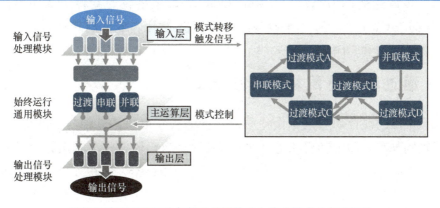

根据行驶速度和行驶条件选择最佳动力传动模式并自动切换

出处：参照广田幸嗣、足立修一编著，出口欣高、初田匡之、小笠原悟司参编的《电动汽车的控制系统》（森北出版株式会社）的图4.12作图。

要点

✎ 串并联方式有不同种类的动力分配机构。

✎ 串并联方式会根据条件自动切换动力传递模式。

混合动力汽车④：分动方式

▶▶ 基于行星齿轮机构的动力分配机构

正如上一节所述，丰田的混合动力汽车采纳了串并联方式的一种特殊形式——分动方式，这种方式的核心是利用行星齿轮机构进行动力分配。

行星齿轮机构，得名于其齿轮的运动方式与太阳系中行星围绕太阳旋转的相似性（见图 2-14），包含 3 个相互关联的旋转系统。中心位置的被称为太阳齿轮（Sun Gear），而围绕其旋转的则是行星齿轮（Planetary Gears），最外侧的旋转齿轮被称为内齿轮（Ring Gear），行星齿轮的旋转则依托于行星架（Planet Carrier）。为了简化描述，我们定义太阳齿轮的旋转轴为Ⓐ，行星架的旋转轴为Ⓑ，内齿轮的旋转轴为Ⓒ。

▶▶ 通过动力分配机构切换模式

在丰田的混合动力汽车设计中，Ⓐ轴连接发电机，Ⓑ轴与发动机相连，而Ⓒ轴则与车轮和电动机相连（见图 2-15）。当车辆在停车状态并为动力蓄电池充电时，Ⓐ轴保持静止，发动机的动力会传递至发电机。当仅使用电动机驱动车轮时，Ⓑ轴停止转动，而电动机的动力则传递至车轮和发电机。若发动机和电动机同时驱动车轮，则Ⓐ、Ⓑ、Ⓒ三轴均会旋转，从而有效地将发动机和电动机的动力合并传递至车轮。

这种设计的主要优势在于其能够根据实际的行驶条件智能地切换多种动力传动模式，确保发动机和电动机都能在各自的最佳工作状态下运行，从而显著提升燃油效率。然而，这种高级的动力总成结构也带来了更高的复杂性和成本。

图 2-14　作为动力分配机构使用的行星齿轮机构

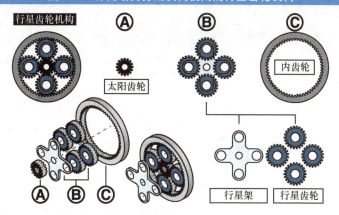

行星齿轮机构　Ⓐ　Ⓑ　Ⓒ
太阳齿轮
内齿轮
Ⓐ　Ⓑ　Ⓒ
行星架　行星齿轮

图 2-15　分动方式的动力传递模式的种类

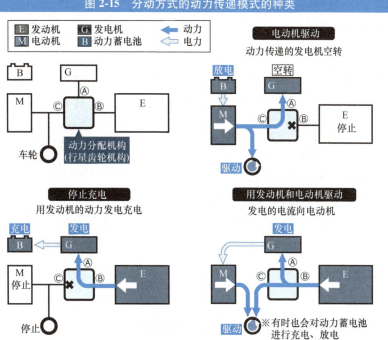

Ｅ 发动机　Ｇ 发电机　← 动力
Ｍ 电动机　Ｂ 动力蓄电池　⇐ 电力

Ｂ　Ｇ
Ｍ　Ⓐ　Ｅ
Ⓒ　Ⓑ
动力分配机构
(行星齿轮机构)
车轮

电动机驱动
动力传递的发电机空转
放电　空转
Ｂ　Ｇ
Ｍ　Ⓐ　Ｅ
Ⓒ　Ⓑ　停止
驱动

停止充电
用发动机的动力发电充电
充电　发电
Ｂ　Ｇ
Ｍ　Ⓐ
停止　Ⓒ　Ⓑ　Ｅ
停止

用发动机和电动机驱动
发电的电流向电动机
发电
Ｇ
Ｍ　Ⓐ
Ⓒ　Ⓑ　Ｅ
驱动　※有时也会对动力蓄电池
进行充电、放电

要点

✏ 丰田的混合动力汽车采用了使用行星齿轮机构的分动方式。

✏ 行星齿轮机构有 3 个旋转系统。

· 第2章　电动汽车的构造与分类

电动汽车市场动态与技术发展

▶▶ 以动力蓄电池为唯一电源的汽车

电动汽车的动力总成相较于混合动力汽车显得更为简洁（见图2-16）。这主要得益于其基本的构成部分：用于驱动车轮的电动机、动力控制单元（PCU）及动力蓄电池。以日产的"聆风"为例，电动机和PCU被巧妙地安装在车辆前部的前机仓盖下，而动力蓄电池则被安装在车辆中部的底盘下方。

在电池技术方面，电动汽车普遍采用锂离子电池。尽管锂离子电池的成本高于镍氢电池，但它们提供了更大的电池容量，并具有更为便捷的充电特性。

然而，电动汽车也存在一些明显的短板。与传统的燃油车或混合动力汽车相比，电动汽车的续驶里程通常较短，且车辆的购买价格也相对较高。这主要是由于当前动力蓄电池的容量限制和高成本所致。但值得一提的是，某些高端电动汽车，如特斯拉"Model 3"，已经通过增大电池容量实现了超过500km的续驶里程，这与传统的燃油车相当。但这样的续驶里程是以高昂的价格为代价的，例如，在日本，特斯拉"Model 3"的售价超过了500万日元。

▶▶ 中国和美国的电动汽车正在崛起

日本是锂离子电池驱动的纯电动汽车的诞生地。2009年，三菱推出了基于轻型车的第一代"i-MiEV"，随后在2010年，日产也开始了其第一代"聆风"的常规销售（见图2-17）。

目前，电动汽车市场正在经历深刻的变革。日本以外的汽车制造商，如美国的特斯拉和中国的比亚迪等，已经进军电动汽车领域，并且其销售量正在持续增长。这一趋势预示着电动汽车市场的激烈竞争和未来的发展潜力。

图 2-16　日产"聆风"的动力总成

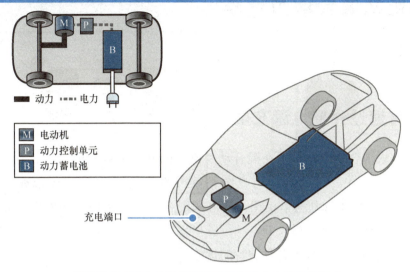

■ 动力　┅┅ 电力

M　电动机
P　动力控制单元
B　动力蓄电池

充电端口

较重的动力蓄电池被安装在车辆近乎中央的底盘下方

图 2-17　日产 2010 年开始销售的第一代"聆风"

（照片提供：日产汽车）

要点

✎ 电动汽车的动力总成结构简单。

✎ 电动汽车存在一些弱点，如续驶里程较短。

✎ 近年来，非日本汽车制造商电动汽车的销售量逐年上升。

第
2
章

插电式混合动力汽车

▶▶ 可通过外部电源充电

插电式混合动力汽车是在混合动力汽车的基础上进行改进的，它具备了电动汽车的特性，即可以利用充电站等外部电源为动力蓄电池充电（见图 2-18）。与混合动力汽车相比，插电式混合动力汽车所使用的动力蓄电池容量更大，从而提供了更长的电动行驶里程。

插电式混合动力汽车有其独特的优势和局限性。

其优势在于，由于配备了内燃机和燃油储备，它的续驶里程远超电动汽车。若提前为动力蓄电池充满电并给燃油箱加满油，它的连续行驶能力将超越传统的混合动力汽车。

然而，这种技术的复杂性也带来了一个明显的缺点：车辆成本相对较高。与混合动力汽车或电动汽车相比，插电式混合动力汽车的结构更为复杂，从而推高了其市场价格。

▶▶ 具有代表性的日本车型

在日本，丰田的"普锐斯 PHV"（见图 2-19）和三菱的"Outlander PHEV"（见图 2-20）是插电式混合动力汽车的杰出代表。这两款车型采用了不同的混合动力系统结构："普锐斯 PHV"采用了分动方式，而"Outlander PHEV"则选择了串联方式。

"Outlander PHEV"有时也被视为"带汽油发电机的电动汽车"。在短途行驶中，它几乎可以完全像电动汽车一样运行，无需启动内燃机。但是，当电动机承受较大负载或动力蓄电池的电量减少时，内燃机会自动启动并发电，以确保电动机和动力蓄电池的持续供电。

图 2-18　插电式混合动力汽车的动力总成

PHV 分动方式　　　　　PHV 串联方式

M	电动机	B	动力蓄电池
E	发动机	F	燃油箱
G	发电机		外部电源
P	动力控制单元		

图 2-19　丰田在 2012 年开始销售的第一代"普锐斯 PHV"

动力传动是分动方式

（照片提供：丰田汽车）

图 2-20　三菱 2013 年开始销售的第一代"Outlander PHEV"

动力传递是串联方式

（照片提供：三菱汽车）

要点

✏ 插电式混合动力汽车可通过外部电源充电。

✏ 一般而言，插电式混合动力汽车的续驶里程比电动汽车长。

✏ 插电式混合动力汽车的结构复杂、车辆价格高。

燃料电池汽车

▶▶ 燃料电池是发电装置

　　燃料电池汽车，作为搭载了燃料电池的电动汽车，代表着新能源汽车技术的前沿。燃料电池，本质上是一种能够通过消耗特定燃料来产生电能的装置，其产生的电能经由动力控制单元（PCU）被高效地导向电动机或动力蓄电池，从而驱动车轮或进行充电（见图 2-21）。

　　当前市场上量产的燃料电池汽车主要使用氢作为燃料。这些汽车通过高压储氢罐中储存的氢与空气中的氧气发生电化学反应来生成电能。值得一提的是，这一反应过程中产生的唯一副产品是对环境无害的水，从而实现了真正的环保出行。

▶▶ 没有加氢站就无法行驶

　　燃料电池汽车不仅继承了电动汽车的环保优点——在行驶中不排放任何有害废气，同时运行噪音也极低。正因如此，燃料电池汽车与电动汽车一同被誉为ZEV（Zero Emission Vehicle，即零排放车辆）。更值得一提的是，相较于一般的电动汽车，燃料电池汽车拥有更长的续驶里程，这无疑为其增添了不小的竞争优势。

　　然而，这类汽车也存在一些不足。由于燃料电池和动力蓄电池内部使用的催化剂或电极材料中包含了铂和钴等稀有金属，导致车辆制造成本较高，同时对于资源短缺的日本而言也带来了与这些材料进口相关的资源风险。此外，目前加氢站的数量还相对较少，给车主加氢带来了一定的不便。

　　尽管如此，燃料电池汽车已经作为量产车型在市场上公开销售，并广泛应用于乘用车、公共汽车及卡车等车辆中。其中，丰田的乘用车"Mirai"（见图 2-22）和公共汽车"Sora"（见图 2-23）便是这一技术的杰出代表。值得一提的是，"Sora"已经成功投入都营公交等线路运营，为城市的绿色出行做出了积极贡献。

图 2-21　第一代 "Mirai" 的动力总成

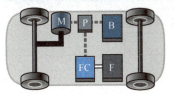
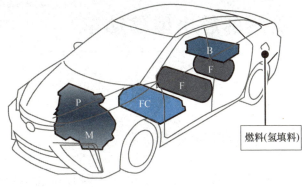

■ 动力　┅┅ 电力　━ 氢气

M	电动机
P	动力控制单元
B	动力蓄电池
F	高压储氢罐
FC	燃料电池堆

燃料(氢填料)

图 2-22　丰田开发的第一代 "Mirai"

作为世界上第一辆量产型燃料电池汽车，于 2014 年开始销售

（作者拍摄于 MEGA WEB）

图 2-23　丰田开发的燃料电池汽车——公共汽车 "Sora"

（照片提供：丰田汽车）

要点

✎ 燃料电池汽车是搭载了燃料电池的电动汽车。

✎ 燃料电池汽车的续驶里程比电动汽车更长。

✎ 在加氢站较少的地区，可能会造成不便。

第 2 章

灵活的超小型移动车

▶▶ 小型电动车辆

在合法的交通工具中，存在一种比普通乘用车更为精巧的"超小型移动工具"。这类工具被日本国土交通省定义为"相较于传统汽车，更为紧凑、灵活且环保，非常适合 1~2 人的短途出行"。

目前，日本境内使用的所有超小型移动车，为了提升其环保性能，已经全部实现了电动化，因此它们也常被称作"小型 EV"。虽然其最高速度被限制在每小时 60km，无法在高速公路上驰骋，但在日本，驾驶它仅需普通的汽车驾照。

▶▶ 多种用途

这种超小型移动车不仅环保性能卓越，更被视为城市和地区间的新型出行方式。人们期望它能成为老年人和育儿家庭出行的得力助手，并在旅游和地区经济振兴中大展身手。

实际上，相关的实地测试已经在日本紧锣密鼓地展开。例如，丰田在 2013 年推出的"i-ROAD"在东京等地区的一些汽车共享服务中已经进行了实际应用测试（见图 2-24）。

正式的推广和应用也正在逐步展开。以丰田为例，他们于 2020 年推出的"C+pod"在爱知县丰田市等地的政府机构中，已开始作为公务车、共享汽车、上门诊疗车和送货服务车等投入使用（见图 2-25）。

然而，从日本全国范围来看，这类超小型移动车在日本的认知度仍然较低，普及程度有待提高。为了打破这一现状，我们不仅需要进一步优化其使用方式，使其更加便捷，还需要对道路交通法进行相应的调整，以减少对其的限制。

图 2-24　丰田 2 人乘坐的超小型移动车 "i-ROAD"

三轮电动车，其特点是在转弯时车身会自动倾斜

图 2-25　丰田 2 人乘坐的超小型移动车 "C⁺pod"

四轮电动车，被用于爱知县丰田市等地的汽车共享服务

要 点

✐ 超小型移动车是可容纳 1~2 人的小型车辆，能够在公共道路上行驶。

✐ 在日本，尽管一些地区已经引入了超小型移动车，但人们对其的认知度仍然较低。

打开电动汽车的前机舱盖

让我们深入探索电动汽车的"前机舱盖"下隐藏的奥秘。打开电动汽车前部的前机舱盖，一个与众不同的动力总成结构便展现在我们眼前。与燃油车显著不同，这里的布局和组件体现了电动汽车的独特性。

在燃油车中，发动机通常位于中心位置，而前部则装有一个大型散热器，以确保发动机的有效冷却。然而，在电动汽车中，虽然也有散热器用于机器冷却，但其尺寸明显小于燃油车的散热器。

以日产"聆风"为例，你会发现动力控制单元几乎占据了中央位置，而辅助电池则位于其右侧。为车轮传递动力的电动机恰好在动力控制单元的正下方。值得一提的是，其散热器被巧妙地隐藏在盖子之下，不易被人察觉。

但需要特别强调的是，由于电动汽车内部有部分组件流通大电流，为了您的安全，请不要随意触摸前机舱盖内的任何机器，以防触电风险。

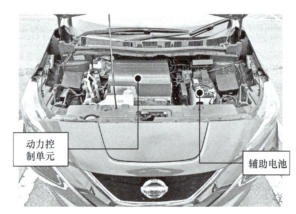

动力控制单元

辅助电池

日产第二代"聆风"的前机舱盖内部，可以看到动力控制单元和辅助电池

第 **3** 章

~电动汽车的历史~

历经三次热潮的飞跃发展

比燃油车更古老的历史

▶▶ 没有发动机的电动汽车

尽管电动汽车近年来才开始受到广泛关注，给人一种"新颖出行方式"的印象，然而事实上，其历史渊源远早于燃油车。1885 年，德国卡尔·奔驰发明的三轮乘用车（见图 3-1）被普遍认为是世界上第一辆正规的燃油车，但电动汽车则从 19 世纪 70 年代开始在英国出现。

在技术开发层面，电动汽车的起步更为简单。早期电动汽车所采用的电动机（直流电动机）和电池（铅酸蓄电池）技术相较于发动机，更早地进入了实用阶段。

▶▶ 三次电动汽车热潮

从历史的角度来看，电动汽车与燃油车之间的关系颇为微妙。尽管电动汽车曾一度因燃油车的发展而陷入低谷，但每当燃油车对环境的负面影响被提及时，电动汽车便会重回人们的视野。

全球范围内，电动汽车主要经历了三次关注热潮（见图 3-2）。为便于叙述，本书将这三次热潮分别命名为"第一次热潮""第二次热潮"和"第三次热潮"。从 19 世纪 80 年代电动汽车的初步开发到 20 世纪初燃油车的崛起，这段时期被界定为"第一次热潮"；而"第二次热潮"则伴随着 ZEV 法规的成立，大约持续了 20 年，详细内容将在 3-5 节中阐述；自 2010 年左右开始，随着搭载锂离子电池的电动汽车的量产化，我们迎来了"第三次热潮"，并持续至今。值得一提的是，在日本，除了这三次全球性的热潮外，电动汽车还曾两次成为焦点。

图 3-1　1885 年卡尔·奔驰发明的三轮乘用车

它被认为是世界上第一辆真正的燃油车

（作者拍摄于德国柏林技术博物馆）

图 3-2　电动汽车的历史

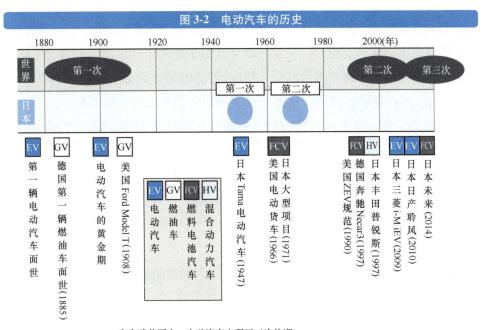

- 在全球范围内，电动汽车出现了三次热潮
- 日本在此基础上，还多了两次热潮

要点

- 电动汽车比燃油车更早被开发出来。
- 每当燃油车被认为存在问题时，电动汽车就会受到关注。
- 在全球范围内，电动汽车的热潮共出现了三次。

第一次电动汽车热潮

▶▶ 城市中越来越多的电动汽车

首先介绍的电动汽车"第一次热潮",标志着搭载了直流电动机和铅酸蓄电池的早期电动汽车的崛起。在这一时期,由于燃油车技术尚未完善,电动汽车被视为有望取代传统的蒸汽汽车(即由蒸汽机驱动的车辆)的新兴选择。

19世纪80年代,英国、法国和德国纷纷开始电动汽车的开发与销售,这些电动汽车主要在城市地区受到欢迎,数量开始逐步攀升。特别值得一提的是,1889年,英国伦敦率先开始了电动公交车的运营,这无疑是电动汽车发展史上的一大里程碑。

▶▶ 20世纪初存在的混合动力汽车

1898年,德国人费迪南德·保时捷打造了一款名为"洛纳·保时捷"的电动汽车(见图3-3)。其独特之处在于采用了轮毂电动机(即将电动机巧妙地内置于车轮中),为乘用车领域带来了一场革新。

1899年,比利时人卡米乐·热纳茨设计的"永无止境"电动汽车在试运行中创下了105.9km/h的速度纪录,这是汽车历史上首次突破100km/h的壮举(见图3-4)。

保时捷并未止步,1900年,他进一步推出了混合动力汽车"洛纳·保时捷·混合体"。这款车装备了汽油发电机,旨在延长行驶距离,它采用了发动机和电动机共同驱动的串联式混合动力汽车,再次引领了技术潮流。

在大西洋的另一侧,美国也迎来了电动汽车的繁荣时期。从19世纪90年代到20世纪初,电动汽车因其易于驾驶的特性而被大量生产,尤其在美国的城市地区广受欢迎。许多主要城市都投入了大量的电动汽车作为出租车使用,这一时期无疑是美国电动汽车发展的黄金岁月。

图 3-3　费迪南德·保时捷发明的"洛纳·保时捷"

引入了轮毂电动机（箭头所指）的划时代电动汽车

（照片提供：Brandstaetter/Aflo）

图 3-4　卡米乐·热纳茨设计的电动汽车"永无止境"

它也是世界上第一辆超过 100km/h 的汽车

（照片提供：The Brigeman Art Library/Aflo）

要 点

- 电动汽车是在燃油车技术尚未成熟的时代发展起来的。
- 速度首先突破 100km/h 的汽车是电动汽车。
- 到 1900 年，也开发出了串联式混合动力汽车。

第
3
章

石油革命与汽车大众化

▶▶ 曾是老百姓高不可攀的汽车

同时，尽管燃油车的开发工作也在稳步推进，但其保有量并未出现显著增长。当时的燃油车不仅车辆本身价格昂贵，而且燃料（汽油）价格也居高不下，对普通人而言，拥有一辆燃油车简直是奢望。

然而，20 世纪初的两个重大事件彻底改变了这一局面。首先是燃料和乘用车价格的双双下降。

▶▶ 大油田的发现和燃料价格的下跌

燃料价格的降低源于大型油田的发现，这标志着石油时代的到来。1901年，美国得克萨斯州斯宾德尔托普（Spindletop）的油井喷出大量原油，使得该国的原油产量急剧攀升（见图 3-5）。

这一发现不仅促使世界从以木材和煤炭为燃料的时代迈向了以石油为燃料的时代，而且让获取汽车燃料——汽油变得更加便捷。

▶▶ 福特 T 型车和乘用车的大众化

另一方面，乘用车价格的下降则归功于生产方法的改进。美国的汽车制造商福特公司开发了一种使用传送带的流水线生产系统，大大提高了生产效率。自 1908 年起，福特开始销售廉价的燃油车——"福特 T 型"（见图 3-6）。截至 1927 年，这款车已生产了 150 万辆，成功取代了马车，成为大众广泛使用的乘用车。

得益于上述两个重大事件，燃油车逐渐普及为民众的交通工具，这也标志着欧洲和美国对电动汽车的开发热潮逐渐退去。

图 3-5 在斯宾德尔托普建造的油井

大规模油田的发现导致产油量增加，
使整个世界进入了石油时代

图 3-6 美国燃油车"福特 T 型"

前机舱盖　方向盘　后靠垫

散热器

前灯

车身

后轮

启动手柄　前弹簧　前轮

被认为是燃油车大众化的契机

（作者在丰田博物馆拍摄）

要 点

✐ 早期的燃油车价格昂贵，对于平民来说是高不可攀的。

✐ 20 世纪初，燃料和乘用车的价格大幅下降。

✐ 借助这一下降，燃油车实现了大众化。

日本特有的电动汽车热潮

▶▶ 在日本出现的两次热潮

在日本，世界范围内经历的电动汽车"第一次热潮"和"第二次热潮"之间，实际上出现了两次独特的电动汽车热潮（见图3-7）。这两次热潮的兴起，都与石油燃料短缺和大气污染问题紧密相连。

▶▶ 拯救了石油短缺的电动汽车

日本的第一次电动汽车热潮发生在第二次世界大战刚刚结束之后。原因是石油燃料短缺。

由于战争期间石油燃料的严格管制，以及战时石油精炼行业遭受的重创，战后日本陷入了石油燃料极度匮乏的境地。为应对这一危机，日本国内开始积极研发搭载铅酸蓄电池的电动汽车。其中，1947年开始销售的"Tama电动汽车"便是这一时期的典型代表（见图3-8）。

然而，这股热潮并未持续太久。1950年国际形势的变化导致铅酸蓄电池价格急剧攀升，而1952年石油燃料管制的结束及燃油车的逐渐普及，最终使得这次电动汽车热潮逐渐消退。

▶▶ 以大气污染为契机加速开发

日本的第二次电动汽车热潮则出现在1970年前后。当时，日本正处于经济高速增长期，工业和汽车尾气的排放加剧了大气污染，光化学烟雾等问题频发。与此同时，1970年，美国颁布了《马斯基法案》（也被称为《大气净化法案》），这促使日本汽车制造商急于研发无尾气排放的电动汽车。然而，随着燃油车和石油燃料的不断改良，大气污染问题得到了一定程度的缓解，电动汽车的研发进度也随之放缓。这一时期虽然短暂，但却为日本电动汽车技术的发展奠定了重要基础。

图 3-7　战后在日本掀起了两次电动汽车热潮

第一次	第二次
战后石油燃料短缺	大气污染的严重化
⬇	⬇
国产电动汽车上市	美国《马斯基法案》的制定
⬇	⬇
• 国际形势变化导致的铅酸蓄电池价格高涨 • 石油燃料管制结束	• 日本政府启动大型项目 • 推动电动汽车开发
⬇	⬇
• 燃油车的发展 • 电动汽车的衰落	• 燃油车和石油燃料的改良 • 燃油车的发展

图 3-8　1947 年开发的 "Tama 电动汽车"

它出现在第二次世界大战后石油燃料短缺的时代

（作者拍摄于汽车技术展〈2016 年 5 月〉会场）

要点

✏ 在日本，电动汽车的第一次热潮是由石油燃料短缺引起的。

✏ 日本的第二次电动汽车热潮是由大气污染和《马斯基法案》的制定引起的。

第二次电动汽车热潮

▶▶ 加利福尼亚州严格的汽车法规

让我们继续深入探讨世界电动汽车的发展历程。

第二次电动汽车热潮的兴起，与 ZEV 法规的制定密不可分。1990 年，美国加利福尼亚州为了应对日益严重的大气污染问题，制定了一项具有划时代意义的法规——ZEV 法规。该法规旨在推动汽车制造商转型，要求他们必须将一定比例的销售量作为 ZEV（Zero Emission Vehicle，即零排放车辆）进行销售。这里的 ZEV 不仅涵盖电动汽车，还包括了燃料电池汽车，体现了加利福尼亚州对清洁能源和环保的坚定承诺。

这一法规的出台，其背景是加利福尼亚州大气污染状况的日益加剧，当时，该州频繁报告由大气污染导致的健康问题，而燃油车的尾气排放被认定为主要污染源之一。

ZEV 法规的制定，无疑为加速 ZEV 技术的研发和推广提供了一个重要契机（见图 3-9）。然而，技术的挑战也随之而来。当时，像镍氢电池和锂离子电池这样的大容量二次电池刚刚进入量产阶段，技术上还存在诸多难题，尤其是在电动汽车上的应用。电池技术的瓶颈，成为制约电动汽车发展的一个重要因素。

▶▶ 汽车行业和石油行业对此表示反对

与此同时，美国的汽车行业和石油行业对 ZEV 法规的制定表示了强烈的反对。他们担心，如果 ZEV 得到普及，汽车行业将难以收回在燃油车研发上的巨额投入，而石油行业则将面临石油燃料销售量锐减的风险。这种利益冲突，使得电动汽车的推广之路充满了挑战。

尽管如此，美国通用汽车公司（General Motors Company，GM）依然迎难而上，开发出了电动汽车"EV1"（见图 3-10），并从 1996 年开始通过租赁方式销售。但遗憾的是，由于汽车行业和石油行业的持续反对，最终所有"EV1"车辆都被回收，这一事件也标志着美国电动汽车发展的一次重大挫折。

以此为契机，加利福尼亚州修改了 ZEV 法规，而美国电动汽车的研发和推广也因此陷入了一段时间的低谷期。然而，正是这些挑战和挫折，为后续的电动汽车技术发展和社会接受度提升奠定了坚实的基础。

图 3-9　为应对 ZEV 法规而开发的新一代汽车

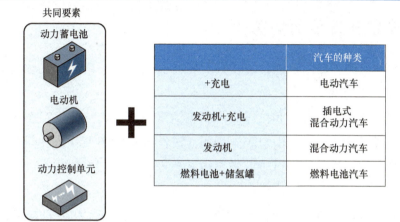

	汽车的种类
+充电	电动汽车
发动机+充电	插电式混合动力汽车
发动机	混合动力汽车
燃料电池+储氢罐	燃料电池汽车

出处：以日本资源能源厅"不仅仅是电动汽车（EV）？以 xEV 思考汽车的新时代"为基础制作。

图 3-10　通用汽车公司开发的电动汽车"EV1"

在汽车行业和石油行业的反对下，后来所有车辆都被回收了

（照片提供：路透社/Aflo）

要点

- 🖊 大气污染的加剧最终导致了加利福尼亚州制定了 ZEV 法规。
- 🖊 ZEV 法规成为加速 ZEV 开发的重要因素。
- 🖊 美国的汽车行业和石油行业强烈反对 ZEV 法规的制定。

燃料电池汽车的开发

▶▶ 走在开发前列的美国

让我们追溯历史的轨迹，回顾一下燃料电池汽车，它曾与电动汽车一起作为 ZEV 备受期待。

早在美国 ZEV 法规问世之前，燃料电池汽车的研究与开发工作便悄然进行。以美国的通用汽车公司（GM）为例，该公司在 1966 年便成功研制出世界上首款能够在公共道路上行驶的燃料电池汽车——"雪佛兰 Electrovan"（见图 3-11）。然而，由于车内设备繁多、造价高昂且性能不尽如人意，这款汽车并未能充分展现出燃料电池汽车的潜在优势。因此，GM 在燃料电池汽车领域的研发工作曾一度陷入低谷。

▶▶ 开发实用型乘用车的德国

随后，德国接过了燃料电池汽车研发的大旗。德国汽车制造商戴姆勒-奔驰（现为梅赛德斯-奔驰集团）在 1994 年隆重推出了"Necar 1"，这款车搭载了在加拿大研发的高性能固体高分子燃料电池（一种使用具有离子传导性的高分子膜作为电解质的燃料电池）。之后，戴姆勒-奔驰持续进行技术革新，于 1997 年推出了更为紧凑的乘用车"Necar 3"。值得一提的是，"Necar 3"不仅是世界上首款搭载重组式甲醇燃料电池（通过重组器将甲醇转化为氢气的燃料电池）的汽车，还是一款性能卓越的实用乘用车，其最高时速可达 120km/h，续驶里程更是高达 400km（见图 3-12）。

在"Necar 3"发布后，戴姆勒-奔驰雄心勃勃地宣布："我们将在 2004 年生产 4 万辆燃料电池汽车，到 2007 年产量将达到 10 万辆"。这一消息震惊了整个汽车行业。当时，ZEV 法规已经出台，燃料电池汽车与电动汽车一样，成为满足这一法规要求的热门选择。借此契机，美国、德国和日本纷纷加大了在燃料电池汽车领域的研发力度。

图 3-11　通用汽车公司开发的燃料电池汽车"雪佛兰 Electrovan"

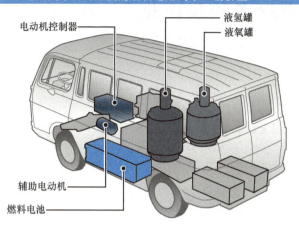

电动机控制器

液氢罐
液氧罐

辅助电动机

燃料电池

车内安装的设备很多，座位只有两个

图 3-12　戴姆勒-奔驰开发的燃料电池汽车"Necar 3"

甲醇罐

气体净化装置

重组器

燃料电池组

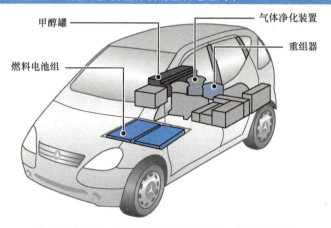

产品发布会后，他们宣布了量产计划，令世界惊讶

要点

✐ 美国在 20 世纪 60 年代就已经开始着手开发燃料电池汽车。

✐ 德国在 2004 年宣布了燃料电池汽车的量产计划。

✐ 此后，美国、德国和日本加快了燃料电池汽车的研发步伐。

混合动力汽车的量产化

▶▶ 混合动力汽车的登场

在电动汽车发展的第二次热潮中，一个标志性的事件对电动汽车的开发产生了深远影响，那就是混合动力汽车的诞生，这种汽车结合了传统发动机和电动机的双重驱动。

日本的丰田公司基于海外的 ZEV 技术，创新性地开发了新型乘用车"Prius（普锐斯）"，并从 1997 年开始向公众销售（见图 3-13）。这款车成为世界上最早量产的混合动力乘用车，引领了一个新的时代。

"普锐斯"的亮点在于其再生制动系统，这一技术的引入大大提高了能源效率。因此，与传统的燃油车相比，"普锐斯"在燃油效率上有了显著提升，同时减少了如二氧化碳等对环境有害物质的排放，为环保做出了积极贡献。

尽管"普锐斯"因为搭载了排放尾气的发动机而并非完全的 ZEV，且其价格相较于传统燃油车略高，但在加利福尼亚州，它被视为 ZEV，并享受政府提供的购车补贴，这极大地减轻了消费者的经济负担，从而推动了其销售量的大幅增长。

▶▶ 奠定电动汽车的基础

混合动力汽车能够实现量产化，其背景不仅包括了电池技术的大容量化进步，还得益于电动汽车和家电领域交流电动机控制技术的成熟，以及实现能源回收的再生制动系统的实用化。这些技术的发展为混合动力汽车的普及奠定了坚实基础。

值得一提的是，这些在混合动力汽车上确立的技术，也为其他类型的电动汽车发展提供了重要支撑。混合动力汽车只需稍作改动，便可衍生出多种新型电动汽车：如果能够连接外部电源，它就可以变成插电式混合动力汽车；如果去掉发动机部分，它则变身为纯电动汽车；若再加上燃料电池技术，它便可升级为燃料电池汽车（见图 3-14）。这种技术上的灵活性和可扩展性，无疑为电动汽车的未来发展打开了广阔的空间。

图 3-13　丰田开发的 "Prius（普锐斯）"（第一代）

世界上首款公开销售的量产型混合动力乘用车，成为了加速电动汽车开发的关键

（作者拍摄于 2016 年 5 月汽车技术展现场）

图 3-14　混合动力汽车衍生的电动汽车（以丰田为例）

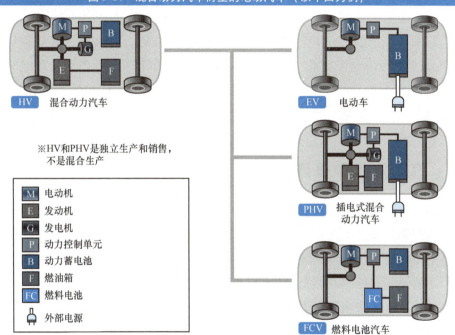

HV　混合动力汽车

※HV和PHV是独立生产和销售，
　不是混合生产

M　电动机
E　发动机
G　发电机
P　动力控制单元
B　动力蓄电池
F　燃油箱
FC　燃料电池
　　外部电源

EV　电动车

PHV　插电式混合动力汽车

FCV　燃料电池汽车

混合动力汽车培养的技术可以应用于电动汽车、插电式混合动力汽车和燃料电池汽车。

要点

✐ 量产型混合动力乘用车在日本诞生。

✐ 丰田 "普锐斯" 是世界上首款量产型混合动力乘用车。

✐ 量产型混合动力乘用车的出现加速了电动汽车的开发。

第三次电动汽车热潮

▶▶ 搭载大容量电池的电动汽车登场

第三次热潮由搭载大容量锂离子电池的真正电动汽车的兴起而触发，并一直持续至今。

日本三菱公司在 2009 年推出的 "i-MiEV（艾米 EV）"（见图 3-15）和日本日产公司在 2010 年发布的 "Leaf（聆风）"（见图 3-16）标志着量产型电动汽车时代的开端。这两款车都配备了大容量锂离子电池，作为量产型乘用车，它们通过引入再生制动系统来提升能源效率，从而实现了相较于传统电动汽车更长的续驶里程。

▶▶ 汽车法规和低碳社会

在这一波热潮中，不仅是纯电动汽车，插电式混合动力汽车和燃料电池汽车也开始正式进入市场销售。这些车型通过增加外部电源连接装置或集成燃料电池来进一步延伸其续驶里程。

尽管美国和德国在燃料电池汽车的开发上先行一步，但日本丰田公司却率先将燃料电池乘用车作为量产车型推向市场。丰田于 2014 年开始销售其燃料电池乘用车 "Mirai（未来）"（见图 3-17）。

量产型电动汽车之所以能够陆续涌现，主要归因于两大因素。首先是加利福尼亚州实施的新汽车法规，该州于 2011 年宣布，自 2018 年款车型起，混合动力汽车将不再被视为环保车辆；其次，全球正致力于实现低碳社会，而汽车的电动化则是减少化石燃料依赖、实现低碳的紧迫任务，这一点将在下一节中详细阐述。

图 3-15　三菱开发的电动汽车"i-MiEV"（第一代）

世界上最早作为乘用车销售的量产型电动汽车

（作者拍摄于丰田博物馆）

图 3-16　日产开发的电动汽车"聆风"（第一代）

作为真正的乘用车，销量增加，在欧洲也销售很多

图 3-17　丰田开发的燃料电池汽车"Mirai"（第一代）

世界上首款作为乘用车销售的真正的燃料电池汽车。确切地说，是搭载了动力蓄电池的燃料电池混合动力汽车

（作者拍摄于 MEGA WEB）

要点

- 第三次热潮随着真正电动汽车销售的开始而启动。
- 燃料电池汽车和混合动力汽车开始量产。
- 汽车法规和低碳化推动了电动汽车的开发。

对环境问题关注度的提高

▶▶ 针对环境问题的全球性努力

自 2015 年起，全球众多国家开始积极致力于实现《巴黎协定》与联合国可持续发展目标（Sustainable Development Goals，SDG）中所设定的各项任务，以及追求碳中和的宏伟目标（见图 3-18）。这一趋势不仅体现了对全球变暖问题的深切关注，更标志着众多国家和地区在实现可持续社会和低碳道路上的坚定步伐。

▶▶ 急迫的汽车管制

随着这一趋势的深入，传统的燃油车因其废气排放而受到了越来越多的质疑。这类车辆在行驶过程中会释放 CO_2 等温室气体，成为实现低碳目标的重大障碍。

因此，部分地区已开始实施更为严格的汽车销售管制措施。以欧盟为例，受《巴黎协定》的启发，该组织加强了对 CO_2 排放车辆的销售管理，并提出了一项法规草案，计划从 2021 年开始，到 2035 年后，全面禁止销售新的燃油车及内燃机车辆。

▶▶ 大势所趋的汽车电动化

面对这样的汽车销售新规，全球汽车制造商纷纷加速汽车的电动化进程，并集中精力研发电动汽车。正因如此，以欧洲和中国为主要市场，电动汽车的销售量迅速攀升。从 2016 年巴黎协定通过，到 2021 年的短短 5 年内，全球电动汽车的年销售量激增了 6 倍以上（见图 3-19）。这一显著增长不仅印证了电动汽车在全球范围内的广泛接受度，也预示着未来汽车产业的绿色发展趋势。

图 3-18　旨在实现脱碳社会的全球性努力

	通过年份	目标
《巴黎协定》	2016年	与工业革命以前相比，世界平均气温上升保持在2℃以下，努力控制在1.5℃
SDG	2015年	为了实现可持续的更好的社会目标，到2030年实现17个大目标
碳中和		平衡二氧化碳（CO_2）的排放量和吸收量，使排放整体实质上为零

成为汽车行业推动汽车电动化的契机

图 3-19　全球电动汽车销售量的变化

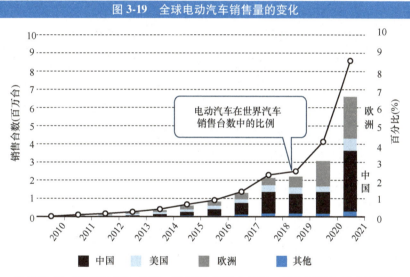

从2016年《巴黎协定》通过，到2021年的5年间，销售量增加了6倍以上

出处：国际能源署（IEA）《2010-2021年电动汽车全球销售和市场份额》，作者翻译。

要点

 由于对环境问题关注度的提高，汽车废气排放成为一个被重视的问题。

 汽车制造商因此被迫需要将汽车电动化。

 自2016年以来，全球电动汽车的销售量迅速增加。

第3章

不断增加的电动汽车

▶▶ 崛起的中国制造商（作者观点）

另外，在日本，混合动力汽车也广泛普及，电动汽车容易被敬而远之。因为电动汽车不仅车辆价格高，而且比燃油车和混合动力汽车的续驶距离短，给人的印象是便利性低。如果不改变这样的状况，在日本国内正式普及电动汽车是很难的。截至 2022 年，中国电动汽车销售量的显著增长，引起了全球关注。中国已将增加电动汽车生产确定为国家战略，从而在 2016~2021 年的短短 5 年内，其国内电动汽车年销售量激增了 7 倍以上。更令人瞩目的是，中国还向包括日本在内的其他国家大量出口电动汽车。例如，在日本，已有数家公交公司选择从中国比亚迪公司引进电动公交车并投入运营（见图 3-20）。

这一成就的背后，不仅得益于国家对电动汽车普及的大力推动，还因为电动汽车价格的逐渐亲民、补贴政策的实施及充电基础设施的不断完善。此外，相较于需要长时间研发发动机的内燃机汽车，电动汽车市场对新进入者更加友好，这也促进了市场的繁荣。

▶▶ 日本起步晚了吗？（作者观点）

然而，与此形成鲜明对比的是，日本在电动乘用车量产化方面虽曾领先全球，但日本电动汽车的年销售量在过去五年（2017~2021 年）中并未见增长（见图 3-21）。电动汽车在日本汽车销售总量中的占比也仅约为 3%。

这一现状可能与日本充电基础设施建设的滞后、政府在电动汽车推广上的迟缓态度有关。

同时，由于混合动力汽车在日本已经深入人心，电动汽车往往被置于次要地位。人们普遍认为电动汽车价格较高，且与燃油车或混合动力汽车相比，其续驶里程较短、便利性不足。若不改变这一现状，电动汽车在日本真正普及将会面临巨大挑战。

图 3-20　行驶在日本的比亚迪公司生产的电动公交车（日本岩手县交通）

中国的汽车制造商已经向日本多家公交运营商出口了电动公交车

（照片提供：yamahide/PIXTA）

图 3-21　日本电动汽车年销量的趋势

- 在日本，电动汽车在过去5年里并没有大幅增加
- 电动汽车相对于汽车整体年销量的比例为3%左右

出处：以日本一般社团法人 新一代汽车振兴中心"电动汽车等销售量统计"为基础制作。

要点

- 在中国，正在推进增加电动汽车生产的国家战略。
- 与此相比，日本在电动汽车的普及上落后于中国和欧洲。

思考中国和欧洲电动汽车销售量增长的原因

如先前在 3-9 节中所提及的，近年来全球电动汽车销售量持续增长，特别是在中国和欧洲，这一增长势头尤为强劲。

那么，究竟是哪些因素推动了中国和欧洲电动汽车销售量的显著上升呢？接下来，我们将一同剖析这背后的动因。

这个问题的答案并非一言以蔽之，因为它涉及多个复杂且相互交织的因素。

首先，巴黎协定的影响确实是一个重要推动力，它促使各国更加重视环保和减排。对于中国而言，发展电动汽车产业不仅是为了响应全球环保倡议，更是为了推动本国汽车产业的创新和升级，这一国家战略无疑为电动汽车的销售量增长提供了强大动力。此外，欧洲在脱碳化方面的迅速行动也值得关注。为了实现碳中和目标，欧洲各国政府大力推广电动汽车，以减少交通领域的碳排放。这一政策导向为电动汽车市场提供了广阔的发展空间。另外，从产业链的角度来看，锂离子电池所需的关键原材料如锂和钴等稀有金属主要集中在中国等少数国家。这使得中国在电动汽车电池制造方面具有得天独厚的优势，进一步推动了电动汽车的销售量增长。最后，不容忽视的是，2022 年俄乌冲突导致欧洲来自俄罗斯的天然气供应中断，这一事件使得欧洲的能源状况发生了巨大变化。为了减少对化石燃料的依赖并确保能源安全，欧洲加速了向清洁能源和电动汽车的转型进程。

位于北京的大型充电设备，中国把电动汽车的普及作为国家战略推进，

充电站的建设也在迅速进行中

（照片提供：Aflo）

第 **4** 章

~电池和电源系统~

支撑动力的能量源

什么是电池

▶▶ 电动汽车和电池

电池是电动汽车的核心组件，它不仅作为电源存在，而且在很大程度上影响着汽车的性能和安全性。特别是对于电动汽车，其搭载的动力蓄电池的容量直接决定了车辆的续驶里程。本章将对这一关键部件进行详尽的阐释。

▶▶ 化学电池和物理电池

首先，我们来探讨电池的基本分类。电池是一种能够将物质的化学反应或物理现象所释放的能量转换为电能的设备。根据工作原理，我们可以将其分为化学电池和物理电池两大类（见图 4-1）。

通常，当我们提及"电池"时，多数指的是化学电池。而物理电池的常见实例则包括太阳能电池和双电层电容器。

▶▶ 化学电池的种类

进一步细分化学电池，我们可以发现它主要包含一次电池、二次电池及燃料电池三种类型（见图 4-2）。

一次电池通过进行不可逆的电化学反应来释放电能，因此它们不具备充电功能。人们熟知的锰电池和碱性电池便是一次电池的典型代表，常被用作一次性干电池。

与一次电池不同，二次电池通过可逆的电化学反应来工作，这意味着它们可以进行充电。镍氢电池便是一种广为人知的可重复使用干电池，属于二次电池的一种。此外，智能手机和计算机中广泛应用的锂离子电池也是二次电池。

至于燃料电池，它是一种特殊的发电装置，通过电化学方式将燃料与空气中的氧气结合以产生电能。只要持续为其提供燃料和氧气，燃料电池便能连续不断地输出电能。

图 4-1　电池的主要种类

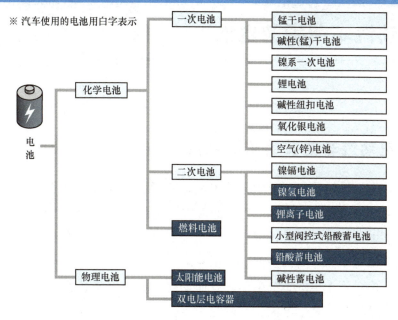

图 4-2　各种化学电池的结构

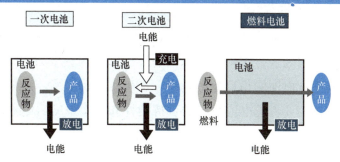

- 二次电池因为其电化学反应是从反应物到生成物的可逆过程，所以可以通过充电来反复使用
- 燃料电池只要持续供应反应物（燃料和氧气），就能持续发电

要 点

✎ 电池分为化学电池和物理电池两大类。

✎ 化学电池包括一次电池、二次电池和燃料电池。

✎ 燃料电池是一种通过电化学反应将燃料和氧气转换为电能的发电装置。

电动汽车所需的电池

▶▶ 电动汽车的关键车载电池

在汽车领域，我们所说的车载电池，特指那些安装在汽车上的电池。与此形成对比的是固定型电池，它们通常被放置在建筑物等固定场所。

车载电池的研发颇具挑战性。这主要是因为，与固定型电池相比，车载电池需要满足更为严苛的条件（见图4-3）。

对于电动汽车上的车载电池，我们期望的不仅仅是其拥有大容量以确保更长的续驶里程。这些电池还必须能够承受汽车行驶过程中产生的振动和冲击，抵御户外多变的温度和湿度，同时保证安全性、耐用性，并满足低故障的要求。

在开发面向广大消费者的电动汽车时，降低成本和车辆重量及控制价格变得至关重要，因为这直接影响到车辆的售价和市场竞争力。同时，由于车辆内部空间有限，电池的小型化也是一个不可忽视的需求。此外，从长远的角度看，我们还需要考虑电池材料的可持续性和汽车报废后电池部件的回收再利用问题。

因此，开发一款能满足上述所有条件的车载电池，无疑是打造高性能电动汽车的核心所在。

▶▶ 大容量二次电池和燃料电池的导入难度

值得注意的是，与铅酸蓄电池相比，大容量二次电池和燃料电池在汽车上的应用要晚得多。1997年，镍氢电池首次被应用于量产乘用车；而锂离子电池和燃料电池则分别在2009年和2015年才首次亮相（见图4-4）。这些新型电池之所以较晚才得以应用，主要是因为满足前述苛刻条件的技术难度极大，需要经历漫长而深入的研发周期。

图 4-3　车载电池所需的主要条件

- ▶ 能够承受振动、冲击、温度和湿度的变化
- ▶ 安全且具有长寿命，不易发生故障
- ▶ 实现低成本和轻量化、小型化
- ▶ 电池原材料的易获得性
- ▶ 电池部件的易回收性

图 4-4　一般销售的量产乘用车中，各种电池的引进时期

电池种类	世界上第一家批量生产的企业	乘用车首次引进的年份	首次引进的轿车
镍氢电池	松下电池工业、三洋电机	1997年	丰田"普锐斯"
锂离子电池	索尼能源科技	2009年	三菱"i-MiEV"
燃料电池(固体高分子燃料电池)	—	2015年	丰田"Mirai"

第 4 章

要点

- ✎ 车载电池相比固定型电池要求更高的条件，开发起来更加困难。
- ✎ 满足众多条件的车载电池的开发，成为电动汽车开发的关键。
- ✎ 将大容量的二次电池和燃料电池用作车载电池是具有挑战性的。

动力蓄电池和辅助电池

▶▶ 电动汽车中使用的二次电池

在电动汽车中，车载电池主要分为两大类：动力蓄电池和辅助电池。

动力蓄电池是专为电动汽车的驱动力而设计的二次电池。它通过动力控制单元为电动机稳定供电（见图4-5），并且能够高效地利用再生制动时产生的电能进行充电。这种电池是电动汽车行驶的核心动力源，因此对其容量的要求特别高，以确保车辆能拥有更长的续驶里程。目前，大容量镍氢电池和锂离子电池因其优越的性能而被广泛用作动力蓄电池，取代了早期的铅酸蓄电池。

另一方面，辅助电池则负责为车上的各种电子设备提供电力（见图4-6）。这些电子设备包括但不限于起动电动机、照明设备、电动车窗、刮水器、音响系统、车载导航及空调等。在电动汽车中，辅助电池的角色与燃油车中的电池相似，但为了与动力蓄电池相区分，我们称之为辅助电池。

▶▶ 动力蓄电池和辅助电池所要求的性能

动力蓄电池和辅助电池的作用不同，因此要求的性能也不同。

动力蓄电池是电动汽车驱动的重要电源，因此需要大容量以延长续驶里程。目前，作为动力蓄电池，使用了可以大容量化的镍氢电池和锂离子电池，但在这些没有实用化的时代，使用了铅酸蓄电池。

由于辅助电池不需要像动力蓄电池那样具备大容量，因此目前仍然广泛使用成熟、安全且经济的铅酸蓄电池。铅酸蓄电池在燃油车中有着长期的应用历史，以其高安全性和可靠性著称，同时价格也非常亲民。总之，动力蓄电池和辅助电池在电动汽车中各自扮演着不同的角色，对它们的性能要求也各不相同。

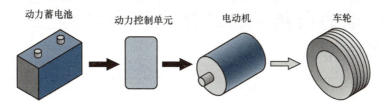

图 4-5　动力蓄电池的作用

动力蓄电池　　动力控制单元　　电动机　　车轮

通过动力控制单元向电动机供电

图 4-6　辅助电池的作用

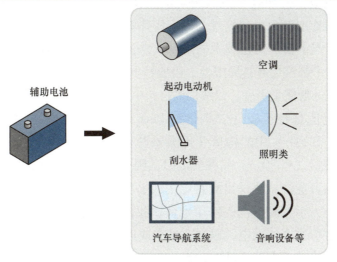

辅助电池

起动电动机　　空调

刮水器　　照明类

汽车导航系统　　音响设备等

辅助设备(电子配件)

为空调等辅助设备（电子配件）供电

要点

    ✎ 在电动汽车的二次电池中，有动力蓄电池和辅助电池两种。

    ✎ 动力蓄电池是驱动汽车的电动机的电源。

    ✎ 辅助电池是辅助设备（电子配件）的电源。

车载电池的种类①：二次电池的鼻祖——铅酸蓄电池

▶▶ 历史悠久的二次电池

铅酸蓄电池，这种具有悠久历史的二次电池，自 1859 年在法国问世以来，就以其可充电和放电的特性为人们所熟知。

其显著优点主要体现在技术的高度成熟、出色的可靠性及亲民的价格上。然而，任何技术都难免有其局限性，铅酸蓄电池也不例外。其主要缺点在于较大的重量导致的低能量密度，以及构成材料中包含的有毒铅和强酸性的硫酸。

铅酸蓄电池是将正极（二氧化铅 PbO_2）和负极（铅 Pb）浸泡在电解液（稀硫酸：H_2SO_4）中的构造（见图 4-7）。在放电过程中，两个电极表面都会生成硫酸铅（$PbSO_4$），而在充电时，则会发生相反的电化学反应。这种电化学反应的可逆性，使得铅酸蓄电池能够反复进行充电和放电操作。但值得注意的是，为了保障电池的使用寿命，我们需要避免在正常充、放电周期结束后继续进行充电或放电，以防止过充或过放的情况发生。

在实际的铅酸蓄电池设计中，正、负极之间设置了一个名为隔板的部件。这个隔板的设计非常巧妙，它既允许离子自由通过，又能有效防止两个电极通过硫酸铅发生短路（见图 4-8）。

▶▶ 铅酸蓄电池也曾被用作动力蓄电池

长期以来，铅酸蓄电池一直作为汽车的辅助电源使用。

特别是在燃油车中，为了驱动起动电动机，需要高达 100~400A 的电流，这就要求电池必须具备较大的输出功率。

此外，在电动汽车的早期发展阶段，铅酸蓄电池甚至被用作主要的动力蓄电池。这主要是因为在那个时代，还没有其他实用的二次电池技术能够满足汽车的需求。例如，在 3-4 节中介绍的 "Tama 电动汽车"，其在车身的底板下安装了铅酸蓄电池。

图 4-7　铅酸蓄电池的原理

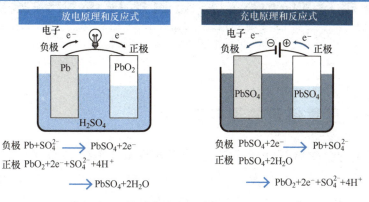

放电原理和反应式	充电原理和反应式

负极 $Pb+SO_4^{2-} \longrightarrow PbSO_4+2e^-$

正极 $PbO_2+2e^-+SO_4^{2-}+4H^+$

$\longrightarrow PbSO_4+2H_2O$

负极 $PbSO_4+2e^- \longrightarrow Pb+SO_4^{2-}$

正极 $PbSO_4+2H_2O$

$\longrightarrow PbO_2+2e^-+SO_4^{2-}+4H^+$

放电时，正极和负极会生成硫酸铅（$PbSO_4$）

图 4-8　铅酸蓄电池的结构

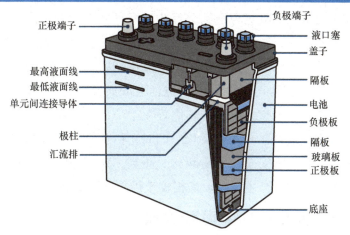

正极和负极间有隔板，防止由硫酸铅引起的短路

要点

- 铅酸蓄电池是一种拥有悠久历史的二次电池。
- 铅酸蓄电池长期以来一直被用作汽车的辅助电池。
- 在早期的电动汽车中，铅酸蓄电池被用作动力蓄电池。

车载电池的种类②：能量密度高的镍氢电池

▶▶ 可以反复使用的干电池

镍氢电池，简称 Ni-MH，首次在全球实现量产是在 1990 年，由日本的松下电池工业和三洋电机（现已并入松下）联合推出。这种二次电池的标称电压为 1.2V，与锰电池的 1.5V 相近，因此常被作为"可重复使用的干电池"。

镍氢电池由浓氢氧化钾水溶液作为电解液，正极采用氧化镍（NiOOH），负极采用吸氢合金（MH）（见图 4-9）。在放电过程中，正极的氧化镍会转化为氢氧化镍，而负极的吸氢合金则会释放氢离子并转化为金属态。值得注意的是，如果电池过充，正极会产生氧气，负极则产生氢气，这可能会导致电池内部压力上升。为了应对这种情况，正极特别配备了一个安全阀来释放气体（见图 4-10）。然而，过度放电会对电池造成损害，进而影响其使用寿命。

镍氢电池相较于铅酸蓄电池，其优势在于更高的能量密度，这使得它更易于实现小型化、轻量化及大容量化。同时，由于其电解液是水溶液，与锂离子电池相比，它更为安全，不易起火。而且，镍氢电池的成本也低于锂离子电池。然而，它的一个主要缺点是相较于铅酸蓄电池而言价格更高。

▶▶ 在混合动力汽车中得到采用

在混合动力汽车领域，镍氢电池被广泛用作动力蓄电池。以丰田的"普锐斯"为例，这款世界上首款量产型混合动力乘用车自 1997 年开始销售至今已超过 25 年，一直采用镍氢电池作为其主要动力源。尽管如此，目前市场上也有采用锂离子电池的混合动力汽车可供选择。

图 4-9　镍氢电池的原理

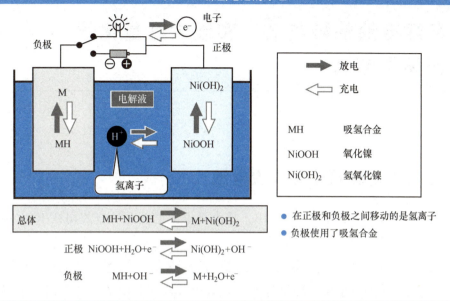

正极 NiOOH+H₂O+e⁻ $\rightleftarrows$ Ni(OH)₂+OH⁻

负极 MH+OH⁻ $\rightleftarrows$ M+H₂O+e⁻

- 在正极和负极之间移动的是氢离子
- 负极使用了吸氢合金

图 4-10　镍氢电池的结构（圆柱形）

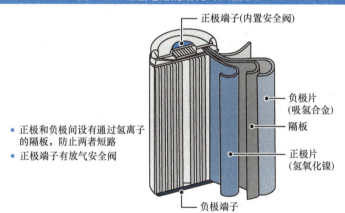

- 正极和负极间设有通过氢离子的隔板，防止两者短路
- 正极端子有放气安全阀

出处：以福田京平编著的《结构图解系列　最了解电池的一切》（技术评论社）为基础制作。

要点

✎ 镍氢电池被用作"可重复使用的干电池"。

✎ 镍氢电池相比于铅酸蓄电池，更容易实现小型化、轻量化和大容量化。

✎ 镍氢电池主要被用于各种混合动力汽车中。

车载电池的种类③：实现大容量化的锂离子电池

▶▶ 可小型轻量化的二次电池

锂离子电池，英文简称为 LIB，是由日本索尼能源科技公司在 1991 年首次实现全球量产的先进二次电池。

这种电池最显著的优势在于其卓越的能量密度，远超镍氢电池，从而更容易实现产品的小型化、轻量化及大容量化。其高能量密度主要归功于每个电池单元高达 3.7V 的标称电压，这一数值明显高于铅酸蓄电池的 2.0V 和镍氢电池的 1.2V。正因如此，锂离子电池不仅广泛应用于电动汽车，还成为智能手机、计算机等设备的主要电源。然而，与镍氢电池相比，锂离子电池的成本较高，这既源于其昂贵的材料，也与复杂的安全管理措施有关。

锂离子电池的安全管理至关重要，其严格程度远超其他类型的二次电池。例如，电池过充可能导致发热，进而引发电解液（有机溶剂）起火，或者内部压力剧增导致电池破裂。为了有效应对这些潜在风险，除了建立全面的电池状态监控系统外，还需要配备安全阀以在紧急情况下释放内部气体，确保电池的安全运行。

▶▶ 锂离子移动

锂离子电池的构造独特，正极和负极均浸入电解液（有机溶剂）中。在充、放电过程中，锂离子会在正、负极之间自由移动（见图 4-11）。为了提升锂离子的迁移效率，正、负极均采用层状结构设计，便于锂离子的快速进出。同时，在实际应用中，锂离子电池的正、负极之间设置了一层隔板，这一设计旨在防止因金属析出而导致的两极短路问题（见图 4-12），从而大大提高了电池的安全性和稳定性。

图 4-11　锂离子电池的原理

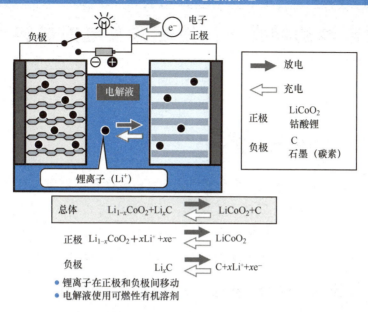

图 4-12　锂离子电池的结构（圆柱形）

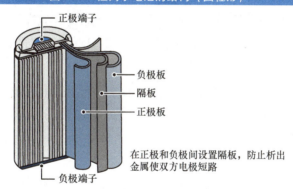

正极端子

负极板

隔板

正极板

在正极和负极间设置隔板，防止析出
金属使双方电极短路

负极端子

出处：以福田京平编著的《结构图解系列　最了解电池的一切》（技术评论社）为基础制作。

要点

✐ 锂离子电池是能量密度高的二次电池。

✐ 容易实现小型化、轻量化及大容量化，所以在电动汽车中使用。

✐ 为了防止起火和破裂，必须采取严格的安全措施。

车载电池的种类④：用燃料发电的燃料电池

▶▶ 消耗燃料发电装置

燃料电池是一种先进的发电装置，它通过电化学反应促成氢气燃料与空气中的氧气反应，生成水并同时产生电能。这种发电方式与水的电解反应相反，通过逆向的电化学反应来提取电力。更重要的是，其反应产物仅为环境友好的水，这使得燃料电池在近年来作为一种无污染、环保的发电方式备受瞩目。

▶▶ 固体高分子燃料电池的结构和工作原理

在众多类型的燃料电池中，固体高分子燃料电池（Polymer Electrolyte Fuel Cell，PEFC）因其适用于车载电池而脱颖而出（见图 4-13）。此类燃料电池结构简洁、体积小巧，且重量轻盈，能在低于 100℃ 的低温环境中稳定工作，完美契合了汽车对电池容量和重量的限制需求。

固体高分子燃料电池的核心是由多个电池单元叠加而成的电池堆。每一个电池单元都巧妙地设计，将膜电极组件（Membrane Electrode Assembly，MEA）置于两层特殊设计的隔膜之间，这样的结构能让氢气和空气分别有序流通（见图 4-14）。

说到膜电极组件，它是由两种炭制电极（燃料极和空气极）、固体高分子膜及催化剂层共同压合而成。这里的固体高分子膜在湿润状态下具有独特的氢离子通透性。催化剂层则采用了先进的材料科技，使用负载铂金粒的炭粒，即负载铂的炭，以最小化催化剂铂金的使用量。

然而，固体高分子燃料电池的制造面临一个挑战，那就是如何降低成本。由于它使用了如固体高分子膜和负载铂的炭等成本高昂的部件，因此，成本优化成为该领域研究的重要方向。

图 4-13　固体高分子燃料电池的构造

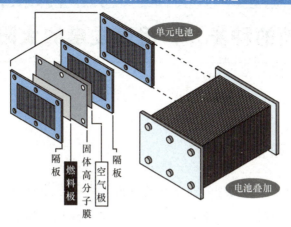

单元电池

隔板

燃料极

固体高分子膜

隔板

空气极

电池叠加

将多个发电的单元电池叠加在一起称为电池叠加

图 4-14　发电的原理

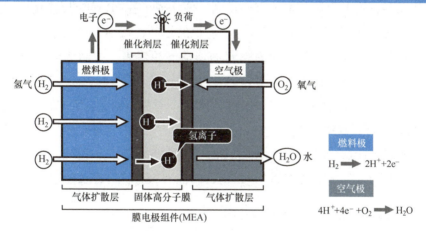

电子 e^-　负荷　e^-

催化剂层　催化剂层

燃料极　　　空气极

氢气 H_2　　　　　　O_2 氧气

H_2

H^+

氢离子

H_2　　H^+　　　　H_2O 水

气体扩散层　固体高分子膜　气体扩散层

膜电极组件(MEA)

燃料极

$H_2 \longrightarrow 2H^+ + 2e^-$

空气极

$4H^+ + 4e^- + O_2 \longrightarrow H_2O$

供给燃料极的氢气，在催化剂层变成氢离子，通过固体高分子膜与
空气中的氧气进行电化学反应，生成水

要点

✍ 燃料电池是一种通过电化学反应来发电的发电装置。

✍ 作为车载电池使用的是固体高分子燃料电池。

✍ 固体高分子燃料电池面临的一个重大挑战是降低成本。

车载电池的种类⑤：用光发电的太阳能电池

▶▶ 使用太阳能发电

太阳能电池，作为物理电池家族的一员，堪称自然界的"阳光魔术师"，它能巧妙地将太阳赐予的光能转换为电能，这一过程依托于半导体材料在光照下产生电动势的现象，我们称之为"光伏效应"（见图 4-15）。想象一下，阳光不再仅仅是温暖的来源，它还成了驱动未来生活的绿色能量。

将这些神奇的太阳能电池有序排列，便构成了我们熟知的太阳能电池板。自 2011 年起，随着全世界对环境保护意识的提升，特别是东京电力福岛第一核电站事故后，作为不依赖化石燃料的清洁能源代表，太阳能电池板迅速走红，成为安全、环保的发电方式。

然而，这位"阳光魔术师"也有它的局限。首先，制造它所需的材料成本不菲，使得价格相对较高；其次，夜幕降临时，没有阳光的它便失去了施展魔法的舞台，无法继续发电；再者，天气也直接影响着它的发电量，让这份绿色能源多了几分不确定性；最后，单位面积的发电量相对有限，需要我们不断探索提升之道。

▶▶ 搭载太阳能板的电动汽车

尽管如此，人们并未停下创新的脚步。将太阳能电池板与电动汽车相结合，诞生了太阳能汽车这一前沿概念（见图 4-16）。这一想法最早可追溯至 20 世纪 50 年代，而到了 20 世纪 80 年代，太阳能汽车竞赛的举办更是推动了相关技术的飞速发展。

如今，市面上已有多款搭载太阳能电池板的量产型汽车供我们选择。例如，自 2016 年起广受欢迎的丰田插电混合动力汽车"普锐斯 PHV"，以及 2022 年闪亮登场的丰田纯电动 SUV "bZ4X"（见图 4-16）。这些车型不仅搭载了高性能的二次电池作为动力蓄电池，还在车顶巧妙安装了太阳能电池板作为辅助电源。这样一来，车辆在行驶过程中或停泊时都能吸收阳光，转换为电能，为电池充电，从而增加了充电的灵活性，有效延长了续驶里程。这样的设计，无疑让驾驶电动汽车变得更加便捷。

图 4-15　太阳能电池的发电原理（光伏效应）

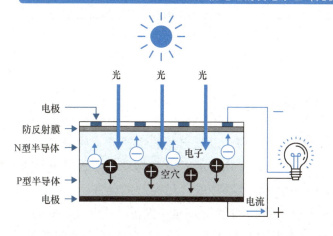

- 当不同的半导体接触面受到光照射时，由于碰撞的光子能量，会产生电子（带有负电荷的粒子）和空穴（带有正电荷的粒子），它们的移动形成了电流
- 这种现象被称为光伏效应，被用于太阳能电池的发电中

图 4-16　丰田的电动汽车"bZ4X"

车身顶部安装了太阳能电池板

（照片提供：丰田汽车）

要点

- 太阳能电池是一种将光能转换为电能的发电装置。
- 搭载太阳能电池的电动汽车被称为太阳能汽车。
- 多款搭载太阳能电池板作为辅助电源的量产型汽车已销售。

车载电池的种类⑥：可快速存取电的双电层电容器

▶▶ 可在短时间内充电和放电

双电层电容器，作为物理电池的一种，以其出色的快速充、放电能力在储能装置中独树一帜。这种电容器依赖于独特的双电层物理现象，显著增强了其储能容量，因此也赢得了"超级电容器"或"超容"的美誉。

其最为引人注目的特性在于其超长的使用寿命，能够承受高达 10 万~100 万次的充、放电循环，展现出卓越的耐久性。同时，由于内部电阻极低，它能在极短的时间内完成充电，且其输出密度接近锂离子电池的 5 倍，性能表现令人瞩目。然而，与二次电池相比，其能量密度略显不足，这也是未来技术改进的一个方向。

双电层电容器的构造精妙而科学，它由金属制成的正、负极和电解液组成。当外部电源施加电压时，电解液中的离子会被吸引到电极表面，与电极上的电荷形成紧密的层状结构，这就是所谓的双电层，它是电能储存的关键所在（见图 4-17）。

▶▶ 被引入到简易型的混合动力汽车中

在第 2 章介绍的混合动力汽车中，双电层电容器展现了其独特的应用价值。部分采用混合动力技术的车型，选择使用双电层电容器而非传统的二次电池来储存再生电力。这种做法不仅规避了对昂贵的镍氢电池等二次电池的依赖，还有效地提高了能源效率和燃油效率，进一步推动了环保出行的发展。

值得特别提及的是，日本马自达汽车公司在 2012 年推出的第三代"阿特兹"是世界上首款采用这种双电层电容器技术的车型（见图 4-18）。这款车首次引入了名为"i-ELOOP"的双电层电容器减速能量回收系统。至今，这项技术已被广泛应用于马自达的多款车型中，为环保事业和节能减排做出了积极贡献。

图 4-17　双电层电容器的原理

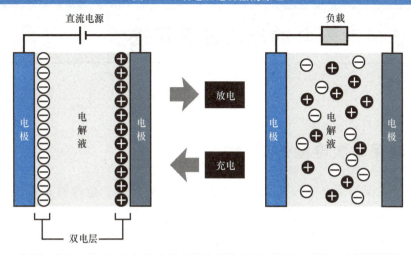

当施加直流电压时，电解液中的离子会吸附到电极附近，形成双电层并储能

图 4-18　马自达的第三代"阿特兹"

采用了双电层电容器的减速能源回收系统"i-ELOOP"

（照片提供：马自达汽车）

要点

🖊 双电层电容器是一种能够快速充、放电的储能装置。

🖊 双电层电容器利用了被称为双电层的物理现象。

🖊 作为一种储能装置，用于回收再生电力，已在一些乘用车中得到了应用。

保护电池安全的电池管理系统

▶▶ 确保二次电池的安全性

为了确保镍氢电池和锂离子电池的安全高效使用，电池管理系统（Battery Management System，BMS）发挥着至关重要的作用。尽管这些二次电池以其高能量密度和高便利性而受到青睐，但不当使用可能导致电池寿命缩短，甚至存在引发火灾、冒烟或破裂的潜在风险。

电池管理系统负责监控二次电池的关键参数，包括电流、电压、温度和剩余电量，以预防过充电、过放电、过电流和过热等问题。它通过实现电压均衡，有效延长电池的使用寿命（见图 4-19）。因此，对于搭载镍氢电池和锂离子电池的电动汽车而言，电池管理系统不仅是确保安全的关键，也是电动汽车实用化的一大要素。

▶▶ 致力于实现电池的长寿命化设计

在电动汽车的行驶过程中，频繁的加速和减速导致动力蓄电池不断地进行充、放电。值得注意的是，镍氢电池和锂离子电池在经历大约 500 次充、放电循环后，其容量通常会衰减至原来的 60% 左右，此时电池便被视为已到达其使用寿命。

电动汽车的动力蓄电池之所以能经受 500 次以上的充、放电循环，电池管理系统发挥了关键作用。它能根据使用情况和温度智能地调整动力蓄电池的充电率（见图 4-20）。简而言之，系统通过设定合理的控制上限值和控制下限值，确保充电率在这个范围内平稳变化，从而有效延长了动力蓄电池的使用寿命。

因此，对于装备了镍氢电池和锂离子电池的电动汽车而言，电池管理系统扮演着举足轻重的角色，是电动汽车实现实用化的关键因素。

图 4-19　电池管理系统的功能

① 防止单元电池过充电和过放电的功能
② 防止单元电池过电流的功能
③ 进行单元电池温度管理的功能
④ 计算电池剩余电量（State of Charge, SoC）的功能
⑤ 实现单元电池电压均衡化（电池均衡）的功能

图 4-20　电池管理的示例

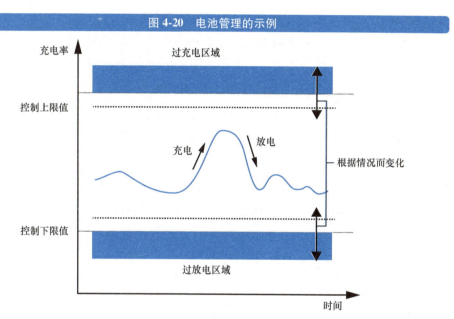

根据条件设定控制上限值和控制下限值，并通过在这两个值之间保持充电率来延长电池寿命

要点

✎ 电池管理系统是保证二次电池安全性和效率的系统。

✎ 该系统通过适当保持充电率来实现电池的长寿命化。

✎ 这个系统是电动汽车实用化中的关键技术之一。

第4章

确认一下智能手机的充电状况

现在，我们来深入探讨一下智能手机的充电情况，这与我们之前在4-10节中介绍的电池管理系统紧密相关。或许"电池管理系统"这个术语对于非专业人士来说并不十分熟悉，但实际上，这个系统就隐藏在我们日常生活中频繁接触的设备里，智能手机便是一个显著的例证。

智能手机内置了锂离子电池作为电源，与电动汽车相似，它也采纳了电池管理系统。这一系统的应用旨在提升锂离子电池的安全性并延长其使用寿命。

这一点，我们可以通过智能手机上用于管理电池剩余电量的界面来直观感受。以 iPhone 手机为例，用户可以通过依次点击"设置"和"电池"来查看电池电量的实时变化。值得留意的是，此界面上显示的"0%"和"100%"并非真实的充电比例，而是基于电池安全使用的考虑所设定的控制上限值和控制下限值。简而言之，通过精心调控充电率，系统能够有效避免电池过放电或过充电，从而确保锂离子电池的安全性并延长其使用寿命。

尽管电动汽车通常不配备如此直观的电池电量管理界面，但它同样采纳了与智能手机相类似的电池管理系统。

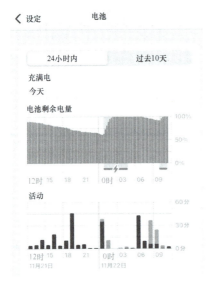

iPhone 手机的电池管理界面，不仅可以查看电池剩余电量的变化，还能了解使用的时间段（活动情况）

第 **5** 章

~作为动力源的电动机~

电动机的种类和结构

什么是电动机

▶▶ 电动机通过磁力转动

电动机，也称为马达，是一种将电能高效转换为机械能的设备。大多数电动机利用磁场中电荷所受的洛伦兹力来推动旋转，这种类型的电动机被称为旋转型电动机。在本书中，我们将专注于这种旋转型电动机，并简称为"电动机"，而不涉及直线运动的直线电动机或利用超声波振动的超声波电动机，这两者在电动汽车中较为少见。

为了更直观地解释电动机的工作原理，我们以直流电动机的一种——模型用电动机为例（见图5-1）。这种电动机主要由定子（静止部分）和转子（旋转部分）构成。定子上装有永磁体，而转子上则装有电磁铁（电枢）。当直流电压施加到电动机的引线时，电流通过电刷或换向器流经电枢线圈，产生磁场。这个磁场与永磁体产生的磁场相互作用，产生磁极间的吸引和排斥力，推动转子旋转（见图5-2）。在这个过程中，电刷或换向器起着关键作用，它们切换电枢磁极，确保电动机的连续旋转。

▶▶ 运转时不产生很大的噪声和废气

电动机在运行过程中噪声低、无排气污染，且相比内燃机更易于维护。内燃机需要定期检查和更换如发动机油、风扇、传动带等消耗品，而电动机除了电刷或换向器等接触部件外，几乎没有其他消耗品。更重要的是，电动机在转子旋转时产生的噪声和振动远小于内燃机，且完全不会排放尾气。

因此，不搭载内燃机的电动汽车或燃料电池汽车被视为环境友好的清洁汽车，这一评价在很大程度上得益于电动机的上述性质。

图 5-1 作为直流电动机一种——模型用电动机的结构

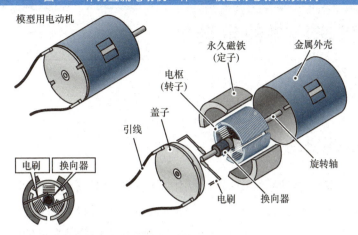

- 定子有永久磁铁，转子有电磁铁(电枢)
- 换向器和电刷起到切换电枢磁极开关的作用

图 5-2 磁铁之间的相互作用力

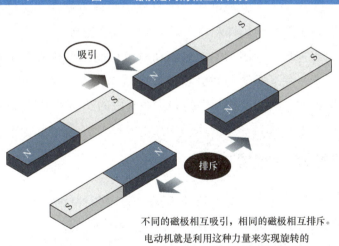

不同的磁极相互吸引，相同的磁极相互排斥。
电动机就是利用这种力量来实现旋转的

要点

- 电动机利用磁铁之间的吸引力和排斥力来转动。
- 电动机的维护比发动机更容易。
- 电动机产生的噪声和振动较小，且不排放废气。

第 5 章

电动汽车所需的电动机

▶▶ 需要解决的课题很多

在电动汽车的驱动系统中，所使用的电动机（即驱动电动机）相较于静止的家用电器或工厂设备中的电动机，面临着更为复杂的挑战。由于驱动电动机需安装在汽车上，因此其设计必须考虑到严格的体积和重量限制。同时，为了有效驱动汽车，该电动机还需具备足够的输出功率。此外，与电池相似，驱动电动机在行驶过程中会经受振动和冲击，并且需要承受室外多变的温度和湿度环境。因此，这种电动机不仅需要易于实现小型化、轻量化和大功率化，还必须具备出色的耐用性和稳定性，以降低故障率。

特别是在混合动力乘用车中，对驱动电动机的小型化和轻量化要求更为迫切。原因在于，除了驱动电动机和动力控制单元外，这类车辆还需容纳发动机及其周边设备。所有这些部件都必须在有限的发动机舱空间内妥善安装，同时满足整车的重量限制（见图5-3）。

▶▶ 支持各种行驶模式

另外，电动汽车的驱动电动机还需灵活适应多种行驶模式（见图5-4）。由于电动汽车的行驶速度范围广泛（从静止到高速巡航），因此驾驶过程中电动机的转速和负载会频繁变化。

电动汽车的行驶模式主要分为四种，每种模式对驱动电动机的转速和转矩需求各不相同。例如，在低速行驶时，有"市区行驶模式"，该模式要求较低的转矩，适用于平坦地区的低速驾驶；而在山区行驶或牵引其他车辆时，则需切换到"爬坡、牵引模式"，此时需要电动机提供更大的转矩。因此，驱动电动机必须具备适应这些多样化行驶模式的能力。

图 5-3　混合动力乘用车的前机舱盖部分

汽油发动机　　　动力控制单元

驱动电动机

车轮

辅助电池

由于需要搭载许多设备，因此要求驱动电动机实现小型化和轻量化

（作者在 2016 年汽车技术展的展示会场拍摄的丰田普锐斯的剖面模型）

图 5-4　电动汽车驱动电动机所要求的特性

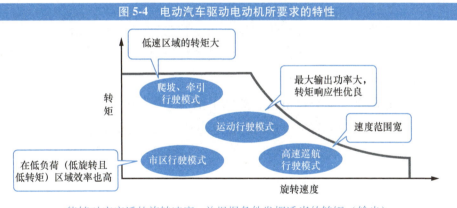

低速区域的转矩大

最大输出功率大，
转矩响应性优良

转矩

爬坡、牵引
行驶模式

运动行驶模式

速度范围宽

在低负荷（低旋转且
低转矩）区域效率也高

市区行驶模式

高速巡航
行驶模式

旋转速度

能够对应广泛的旋转速度，并根据条件发挥适当的转矩（输出）

出处：根据广田幸嗣、小笠原悟司编著，船渡宽人、三原辉仪、出口欣高、初田匡之参编的《电动汽车工程（第 1 版）》（森北出版）的图 4.1 制作。

要点

✍ 驱动电动机需要坚固耐用，并且容易实现小型化和大功率化。

✍ 驱动电动机需要能够适应各种行驶模式。

电动机的种类①：电动机和电的种类概述

▶▶ 直流和交流的区别

关于电动机中的电流，我们大致可以将其分为直流电动机和交流电动机两类。

直流与交流的核心差异在于电压随时间的变化特性（见图5-5）。直流电的特征是不论时间如何流转，其电压始终保持稳定。相对而言，交流电的电压则会随时间呈周期性变化，并形成一种被称为正弦波（正弦曲线）的图形。

交流电可进一步细分为单相交流电和三相交流电。单相交流电，其特征是由一个正弦波所代表，并通过两根电线进行传输。而三相交流电则包含三个相位差为120°的正弦波，由三根电线供电。

值得一提的是，动力蓄电池，如同干电池，提供的是直流电。家用电源插座则一般提供单相交流电。然而，在电力从发电站传输到变电站的过程中，通常使用的是三相交流电，之后在配电盘处将其转换为单相交流电以供家庭使用。

▶▶ 电动机的种类

直流电动机和交流电动机在结构上存在差异（见图5-6）。

随着技术的进步和时代的变迁，电动汽车所使用的驱动电动机类型也经历了变革。早期主要采用的是配备换向器的直流电动机，而现代电动汽车则更倾向于使用无换向器的交流电动机，如同步电动机或异步电动机。同样的技术演进也体现在电动列车的驱动电动机（主电动机）上。

为何会有这样的技术转变？为了解答这一问题，我们需要深入探讨直流电动机和交流电动机的各自特点。

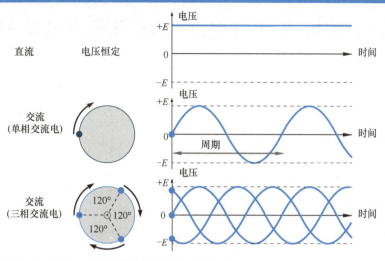

图 5-5　直流和交流电压的时间变化

※单相交流电和三相交流电，右侧的曲线表示旋转时点的轨迹

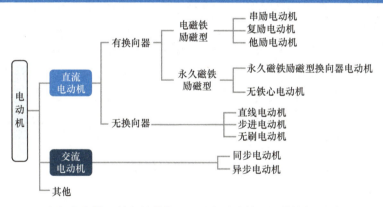

图 5-6　直流电动机和交流电动机

它们各自输入的电的种类，以及定子或转子的结构都不同

> **要点**
>
> ✍ 电动机大致分为直流电动机和交流电动机两类。
>
> ✍ 直流电压恒定，交流电压随时间变化而不同。
>
> ✍ 直流电动机和交流电动机各自有不同的结构种类。

电动机的种类②：易于控制的直流电动机

▶▶ 直流电动机的弱点

在深入探索电动汽车的奥秘时，我们不得不提及直流电动机这一核心部件。除了定子和转子外，直流电动机还包括换向器和电刷，它们共同协作，将电流送入转子中的电磁铁（电枢），使电动机得以运转（见图 5-7）。当然，现在也有无刷直流电动机，它通过功率半导体替代了换向器和电刷，但这里我们主要聚焦于传统的直流电动机。

直流电动机的工作原理其实并不复杂，它与我们在之前章节中介绍的模型电动机类似。但为了满足不同的需求，有时会在定子上使用电磁铁（励磁线圈）而非永磁体。

换向器和电刷在直流电动机中扮演着重要角色。它们如同一个灵活的开关，负责切换电枢的磁极，确保转子能够连续旋转（见图 5-8）。然而，这种切换过程也带来了一个问题：电火花的产生。这不仅会导致电刷磨损，还可能引发故障，因此直流电动机需要定期维护。从这一点来说，换向器和电刷也可以说是直流电动机的弱点。

▶▶ 在早期的电动汽车和电车中使用

尽管如此，直流电动机在电动汽车领域有着独特的优势。相较于交流电动机，直流电动机的控制更为简单直接。通过调整流经的电流值，我们可以轻松改变其转速和输出。这也正是为什么在 3-2 节中提到的电动汽车热潮中，大部分车辆都选择了直流电动机作为驱动装置。

此外，直流电动机不仅广泛应用于电动汽车，还长期在电车（有轨电车）上发挥着关键作用。在 20 世纪 70 年代引入交流电动机之前，电车几乎都是由直流电动机驱动的。即便如今，仍有一些电车在使用直流电动机，它们在日本的一些铁路上继续稳定运行。

图 5-7　直流电动机的结构

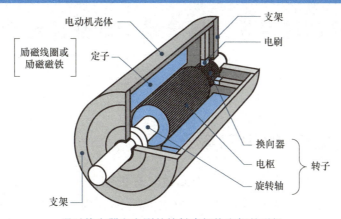

励磁线圈或
励磁磁铁

电动机壳体

定子

支架

电刷

换向器
电枢
旋转轴
} 转子

支架

通过换向器和电刷的接触来切换电枢的磁极

出处：根据赤津观监修编著的《史上最强彩色图解　全新电机技术一本通》（夏目社）中的图 B1-1-1 制作。

图 5-8　直流电动机（串励直流电动机）在电车中的应用

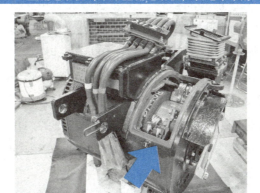

机壳上设有用于维护换向器和电刷的开口，从外部可以看到内部的换向器（箭头所示）

要点

✐ 换向器与电刷：电枢磁极的转换者。

✐ 维护的挑战：换向器与电刷的保养。

✐ 直流电动机：早期电动汽车的宠儿。

电动机的种类③：易于维护的交流电动机

▶▶ 使用旋转磁场转动转子

交流电动机的工作原理巧妙而高效。它依赖于定子中的励磁线圈来产生一个特殊的磁场——旋转磁场，这个磁场会驱动内部的转子旋转，从而实现电动机的运转。由于交流电动机无需直接向转子供电，因此不需要换向器或电刷这样的部件（见图5-9）。

要产生旋转磁场，可以利用三相交流电。想象一下，将3个大小和绕组数量相同的线圈以120°的间隔排列，并分别通入三相交流电。当三相电流依次变化时，每个线圈产生的磁场会相互叠加，最终形成一个以一定速度（即三相交流电的周期）旋转的合成磁场（见图5-10）。

目前，电动汽车中广泛使用的交流电动机，如异步电动机和同步电动机，都是基于这种三相交流电产生的旋转磁场原理来工作的。由于转子上没有需要供电的换向器或电刷，交流电动机的维护变得更为简单。同时，由于其结构相较于直流电动机更为简单，交流电动机更容易实现小型化和轻量化。

▶▶ 交流电动机得以应用的背景

过去，使用交流电动机作为电动汽车或电车的驱动装置是一个挑战，因为与直流电动机相比，交流电动机的控制更为复杂，调节其转速和扭矩相对困难。

然而，随着电力电子技术的飞速发展，我们能够连续变化输入到交流电动机的三相交流电的电压和频率，从而精确地控制其转速和扭矩。

这使得交流电动机在电动汽车和电车的驱动领域得到了广泛应用。至于交流电动机的具体控制方法，将在接下来的6-4节中为您详细解释。

图 5-9 交流电动机的结构

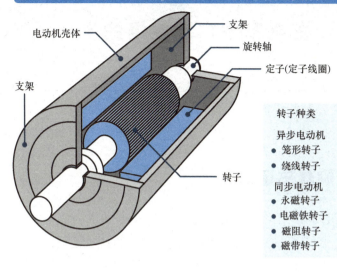

电动机壳体
支架
支架
旋转轴
定子(定子线圈)
转子

转子种类

异步电动机
● 笼形转子
● 绕线转子

同步电动机
● 永磁转子
● 电磁铁转子
● 磁阻转子
● 磁带转子

与一般的直流电动机不同，交流电动机没有换向器和电刷，因此维护变得容易，同时实现了小型化和轻量化

出处：根据赤津观监修编著的《史上最强彩色图解　全新电机技术一本通》（夏目社）中的图 C1-1-1 制作。

图 5-10 三相交流电产生旋转磁场的原理

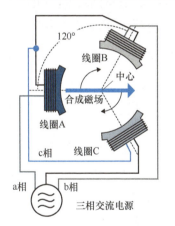

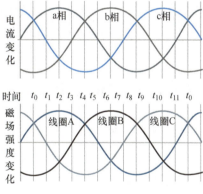

电流变化

时间 t_0 t_1 t_2 t_3 t_4 t_5 t_6 t_7 t_8 t_9 t_{10} t_{11} t_0

磁场强度变化

线圈A　线圈B　线圈C

120°
线圈B
中心
合成磁场
线圈A
c相
线圈C
a相　b相
三相交流电源

当线圈以 120°的间隔排列，并通过三相交流电，每个线圈产生的磁场相互叠加形成合成磁场，从而以一定的速度旋转

出处：根据赤津观监修编著的《史上最强彩色图解　全新电机技术一本通》（夏目社）中的图 C1-2-1 制作。

第 5 章

要点

✎ 交流电动机通过创建旋转磁场来驱动转子旋转。

✎ 由于没有换向器或电刷，可以实现维护的简化和小型化、轻量化。

✎ 随着控制技术的发展，交流电动机得以在电动汽车中得到应用。

驱动电动机①：在电车中广泛应用的异步电动机

▶▶ 转子旋转得比旋转磁场稍慢

在本节中，我们将以电车中广泛使用的三相笼型异步电动机为例，解释感应电动机的工作原理（见图 5-11）。这种电动机之所以被称为笼型，是因为其转子具有类似鸟笼的结构。

在三相笼型异步电动机中，当向定子的励磁线圈通入三相交流电时，会产生旋转磁场。这个旋转磁场会切割转子导体，从而在转子导体中感应出电流，进而产生与旋转磁场相互作用的电磁力。这些电磁力使得转子以略低于旋转磁场的旋转速度旋转，实现电动机的转动。此时产生的旋转速度差被称为"滑差"。

▶▶ 三相笼型异步电动机的优缺点

三相笼型异步电动机具有其独特的优点和缺点。其优点主要体现在：由于是交流电动机，无需换向器或电刷（见图 5-12），因此维护相对容易；与直流电动机相比，其结构更简单且坚固，具有更高的可靠性和经济性；此外，它不需要使用昂贵的永磁材料，从而降低了制造成本。然而，三相笼型异步电动机也存在一些缺点。与永磁同步电动机相比，其效率可能稍低，同时在实现小型化和轻量化方面也存在一定的挑战。

▶▶ 部分电动汽车采用

在电动汽车的驱动电动机方面，虽然采用永磁同步电动机的车型占据多数，但三相笼型异步电动机同样具有一定的市场和应用前景，像美国特斯拉汽车公司开发的电动汽车中，也有采用三相笼型异步电动机的例子。

图 5-11　异步电动机的原理

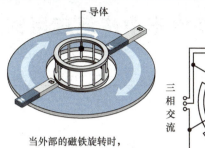

当外部的磁铁旋转时，
内部的导体中会流过感应电流，
从而产生磁极并开始旋转

a) 原理　　　　　　　　　　　b) 基本构造

当定子产生旋转磁场时，转子中的导体也会流过感应电流，
产生磁极，并以比外部磁铁慢的速度旋转

图 5-12　在电车中采用的三相笼型异步电动机的剖面模型

由于没有换向器或电刷，因此实现了小型化，并且维护变得更加容易

要点

- 异步电动机的转子比旋转磁场略慢一些旋转。
- 异步电动机因为没有换向器或电刷，维护起来很容易。

驱动电动机②：在汽车中广泛应用的同步电动机

▶▶ 以与旋转磁场相同的速度旋转

当我们谈论驱动电动机时，不得不提到一种特殊的交流电动机——同步电动机（见图5-13）。与常见的感应电动机不同，同步电动机的转子仿佛与旋转磁场达成了某种默契，总是以相同的速度旋转，确保动力输出的稳定与高效。

而在电动汽车领域，最为常见的同步电动机是永磁同步电动机（见图5-14）。顾名思义，它的转子部分配备了永磁体。这样的设计不仅使得电动机在小型化和轻量化方面表现突出，而且相比提到的三相笼型异步电动机，它更加适合那些对空间和重量有严格要求的电动汽车。

▶▶ 钕铁硼磁铁的问题

永磁同步电动机自然也有其两面性。首先，它的效率更高，能够更直接、更有效地将电能转换为动能；其次，由于其结构特点，它更容易实现小型化和轻量化，这使得电动汽车在设计和制造上有了更多的可能性。然而，正因为使用了如钕铁硼磁铁这样的昂贵永磁材料，其成本相对较高，这也是它的一大缺点。

钕铁硼磁铁，这种永磁同步电动机中的关键材料，具有强大的磁场产生能力。但遗憾的是，它含有钕等稀土金属，这些金属在全球范围内分布并不均匀，主要集中在中国等少数国家。这也就意味着，一旦这些国家出现任何状况，都可能导致永磁同步电动机的制造成本上升，甚至影响到电动汽车的整体生产。

为了应对这一挑战，科研人员们正致力于开发新的永磁材料，它们对稀土金属的依赖度更低，同时仍然保持着高效的磁场产生能力。

图 5-13　同步电动机的原理

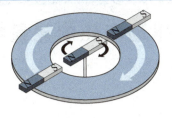 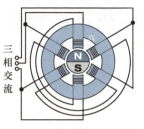

当外部的磁铁旋转时，
内部的磁铁也会以相同的速度旋转

三相交流

a) 原理　　　　　　　b) 基本结构

转子以与旋转磁场相同的速度旋转

图 5-14　永磁同步电动机的结构（示意图）

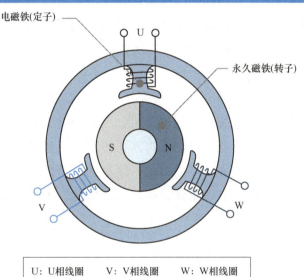

电磁铁(定子)

U

永久磁铁(转子)

S　N

V　　　W

U：U相线圈	V：V相线圈	W：W相线圈

要点

✐ 同步电动机的转子以与旋转磁场相同的速度旋转。

✐ 在电动汽车中，使用了永磁同步电动机。

✐ 钕铁硼磁铁的材料中含有钕等稀土金属，存在获取困难的风险。

驱动电动机③：直接驱动车轮的轮毂电动机

▶▶ 嵌入车轮的电动机

截至目前，我们已经深入探讨了电动汽车中电动机的工作原理、结构及其种类。而在本章的尾声，我们将揭开一种可能极大推动未来电动汽车发展潜力的关键技术——轮毂电动机的神秘面纱。

轮毂电动机，顾名思义，是一种可以巧妙地收纳于车轮内侧的电动机（见图 5-15）。这种创新设计使得电动机的动力能够直接或通过高效的齿轮传动系统直接驱动车轮旋转。

轮毂电动机的引入，为电动汽车带来了四个引人注目的优势（见图 5-16）。由于每个车轮都可以独立装备轮毂电动机，因此能够实现对 4 个车轮的转速和转矩的精确控制。这意味着我们不再需要传统的差速器来平衡左右车轮之间的转速差异，同时也省去了传动轴这一复杂的动力传输部件。这一变革性的设计不仅减轻了车辆的整体重量，还赋予了电动汽车前所未有的操控性和行驶性。

▶▶ 轮毂电动机面临的挑战

然而，轮毂电动机的引入也带来了一系列技术挑战。首先，由于车轮内部的空间极为有限，如何在这样的环境中实现高功率输出的电动机成为一个难题；其次，由于轮毂电动机直接承受来自路面的冲击和振动，其结构必须设计得足够坚固以应对这些挑战；最后，车轮重量的增加会导致悬挂系统下方部件的总重量（即悬架系统下的重量）也随之增加，这可能会增加传递到车身的振动和冲击，从而影响乘客的乘坐体验。

面对这些挑战，汽车制造商和电机制造商们正在全力以赴地进行研发工作，寻求解决之道。我们有理由相信，在不久的将来，随着技术的不断进步和创新，轮毂电动机将成为电动汽车领域的一颗璀璨明星，引领我们驶向更加美好的未来。

图 5-15　轮毂电动机示例

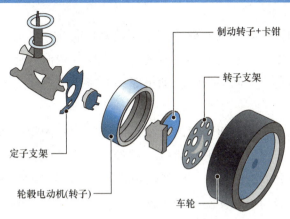

制动转子+卡钳

转子支架

定子支架

轮毂电动机(转子)

车轮

车轮内侧收纳有电动机部件

出处：根据三菱汽车新闻稿"三菱汽车、新型轮毂电动机搭载于四轮的试验车（蓝瑟进化 MIEV）参加四国 EV 拉力赛 2005"制作。

图 5-16　引入轮毂电动机的 4 个优点

① 设计自由度提高
② 动力传递效率提高
③ 增加驱动轮变得容易
④ 车轮转向角度（转向角）扩大

第 5 章

要 点

🖉 轮毂电动机是内置于车轮中的电动机。

🖉 引入轮毂电动机，提高了设计自由度。

🖉 轮毂电动机有多个需要克服的挑战。

让我们一同深入探究家用电器中的"逆变器"奥秘

有一段时间，在电视机上播放的家用电器广告中，"逆变器"这个词汇曾经频繁出现，象征着家用电器技术的一大飞跃。当时，逆变器技术被正式融入洗衣机、冰箱、空调等依赖电动机驱动的家用电器中，成为其独特且引人注目的卖点。

在逆变器技术普及之前，交流电动机的调控相对困难，通常只能通过切换不同的转速来实现近似的调控效果。例如，即使是现在，电风扇和吹风机等设备，除了部分高端型号外，仍然依赖开关来阶段性地改变风力大小。

然而，逆变器的出现彻底改变了这一局面。它不仅实现了交流电动机的平滑调控，还推动了电动机的小型化和高效能化，为家用电器带来了前所未有的革新。正因为这一技术的重要性，它在广告中频频被提及，成为家喻户晓的词汇。

但如今，当我们浏览家用电器的广告时，发现"逆变器"这个词的出现频率已经大大降低。这并不是因为这项技术不再重要，而是因为逆变器已经深深地融入了我们的日常生活，成为家用电器中不可或缺的一部分。

引入了逆变器的洗衣机，根据条件平滑地控制交流
电动机的转矩和转速

那么，究竟有哪些家用电器采用了逆变器技术呢？让我们一同探寻。除了前面提到的洗衣机、冰箱和空调，实际上，还有更多的家用电器已经采纳了这一前沿技术。从厨房的微波炉、烤箱，到客厅的电视、音响，甚至是卧室的电动窗帘和空气净化器，逆变器技术都发挥着至关重要的作用。

第6章

~动力控制~

控制"移动"和"停止"

动力的控制技术

▶▶ 汽车所需的三种运动性能

为了确保汽车的安全运行，我们需着重关注其三大核心运动性能：行驶、转弯和停止（见图 6-1）。在这一点上，电动汽车与燃油车的表现存在显著差异，这主要源于它们动力源的本质区别，进而导致控制机制的根本不同。

在本章中，我们将延续前文的探讨，并深入介绍电动汽车中至关重要的动力控制单元（PCU）。

▶▶ 动力控制单元的作用

正如我们在第 3 章中所述，电动汽车虽然拥有悠久的历史，但早期的技术限制使得其性能与燃油车相比存在差距。然而，从 20 世纪 70 年代开始，随着技术的不断进步，特别是电力电子技术的飞速发展，电动汽车的性能得到了显著提升。

动力控制单元作为电动汽车的核心部件，其重要性不言而喻。在起动和加速时，它负责将直流电转换为三相交流电，为电动机提供所需的电力；而在减速或制动时，它又能将三相交流电逆向转换为直流电，实现能量的回收与再利用（见图 6-2）。这种高效的电力转换能力，使得电动汽车在行驶和停止两大关键运动性能上表现更为卓越。

接下来，我们将详细探讨动力控制单元的工作原理，以及它如何与电动汽车的其他系统协同工作，共同提升汽车的性能和效率。至于转弯性能，我们将在后续的章节中进行详细说明。

图 6-1　汽车所需的 3 个基本运动性能

加速踏板　　　　方向盘　　　　制动踏板

行驶　　　　　　转弯　　　　　停止

由于电动汽车和燃油车的动力源不同，实现"行驶"和"停止"的机制从根本上不同

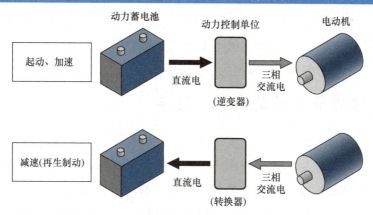

图 6-2　电动汽车动力控制单元的作用

动力蓄电池　　　　　动力控制单位　　　　电动机

起动、加速　　　　　直流电　　　三相交流电

（逆变器）

减速(再生制动)　　　直流电　　　三相交流电

（转换器）

- 在起动和加速时（行驶时），逆变器工作并控制电动机
- 减速时，由电动机产生的电能被变换器变换为直流电，并充电到动力蓄电池中

要 点

- 电动汽车与燃油车在动力源上有根本的不同。
- 当前的电动汽车由交流电动机驱动，可以使用再生制动。
- 其背景是电力电子技术的发展起到了关键作用。

电动机控制的核心——功率半导体

▶▶ 变换器和逆变器作为功率转换器

动力控制单元是电动汽车的核心组成部分，它包含了关键的变换器和逆变器设备（见图6-3）。变换器根据其功能不同，可以分为几类：将交流电（AC）变换为直流电（DC）的设备称为AC-DC变换器；在直流电之间进行变换的设备称为DC-DC变换器；而将交流电变换为交流电的设备则被称为AC-AC变换器。逆变器是特指将直流电变换为交流电的设备，也就是DC-AC变换器。

▶▶ 高速重复开关的功率半导体

变换器和逆变器之所以能执行高效的电力转换任务，主要得益于高性能功率半导体的研发与应用。这些功率半导体是半导体元件的一种，它们能够根据输入信号精确地控制电流的开关状态。值得一提的是，这些半导体元件能够在每秒超过500次的高速下进行开关操作，这是传统机械式开关所无法比拟的。

▶▶ 动力控制单元的构成

电动汽车的动力控制单元主要由逆变器、控制电路及根据需求添加的"DC-DC变换器"组成（见图6-4）。在再生制动过程中，逆变器扮演着"AC-DC变换器"的角色，将三相交流电变换为直流电，从而实现能量的回收与再利用。

控制电路则是整个动力控制单元的大脑，它根据输入的驾驶指令（如驾驶员操作的加速踏板或制动踏板发送的信号），以及检测到的电压、电流、速度和位置等参数，输出相应的栅极信号。逆变器则根据这些栅极信号，精确地控制电动机的运行状态，确保汽车的安全、高效行驶。

图 6-3　变换器和逆变器

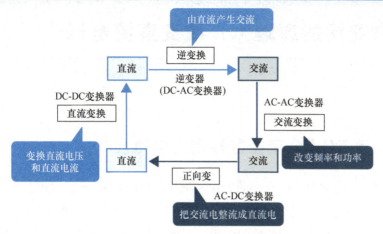

根据变换的电力种类不同，称呼也不同

图 6-4　动力控制单元结构示例

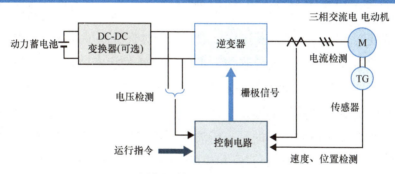

※图中的逆变器为 PWM 逆变器

逆变器根据控制电路发送的栅极信号来控制电动机使用再生制动时，逆变器作为"AC-DC 变换器"运行，将三相交流电变换为直流电

要点

✐ 动力控制单元包含变换器和逆变器。

✐ 在变换器和逆变器中，使用了功率半导体。

✐ 直接控制电动汽车电动机的是逆变器。

第6章

电力变换的原理①：改变直流电压

▶▶ 使用 DC-DC 变换器控制直流电压

电动汽车的动力核心——动力控制单元，其核心部件之一便是"DC-DC 变换器"，它借助精密的功率半导体技术实现对直流电压的精准调控。在本节中，我们将深入解析两种关键的控制方式：斩波控制与脉宽调制（Pulse Width Modulation，PWM，即脉冲宽度调制）控制，以揭示其背后的工作原理。

▶▶ 改变直流电压的斩波控制

斩波控制，顾名思义，其操作原理类似于对直流电压进行"切割"。

这种控制方式通过精确控制功率半导体的开关状态，来实现对直流电压的调节（见图 6-5）。当功率半导体处于开启状态时，电压保持稳定；而当其关闭时间设定为 50% 并周期性重复此过程时，电压的平均值便会降低至直流电源电压的 50%。值得一提的是，斩波控制不仅局限于降压功能，它同样能够实现电压的升高（升压），只是相应的控制电路需做出适当调整。

▶▶ 改变脉冲宽度的 PWM 控制

PWM 控制作为斩波控制中的一项高级技术，其核心在于通过调节脉冲的宽度来精准控制输出电压的平均值。PWM 控制的工作原理如图 6-6 所示，通过调整脉冲（矩形波）的宽度来影响输出电压的整体表现。

在斩波控制中，一组开关的完整周期被称为"开关周期"，而在这个周期内，功率半导体开启的时间比例则被称为"占空比"。当占空比被设定得较小时，脉冲的宽度会相应变窄，导致输出电压的平均值也随之降低。通过这种精细的调控，PWM 控制为电动汽车提供了更加稳定、高效的能量管理方案。

图 6-5　斩波控制的原理

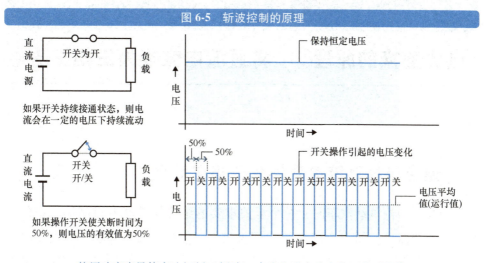

使用功率半导体高速切割（斩波）直流电流来改变电压的平均值

图 6-6　PWM 控制的工作原理

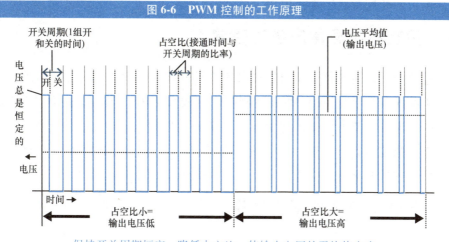

保持开关周期恒定，降低占空比，使输出电压的平均值变小

出处：根据赤津观监修编著的《史上最强彩色图解　全新电机技术一本通》（夏目社）中的图 D1-2-1 制作。

要点

🖊 DC-DC 变换器中使用了斩波控制和 PWM 控制。

🖊 在斩波控制和 PWM 控制中，都使用了功率半导体。

🖊 PWM 控制是通过改变"占空比"来控制电压的平均值。

第6章

电力变换的原理②：将直流电变换为三相交流电

▶▶ 逆变器将直流电变换成三相交流电

当我们谈论电动汽车时，一个至关重要的组件便是动力控制单元中的逆变器。逆变器，如同一个高效的"变换器"，将电动汽车电池中的直流电巧妙地"翻译"为电动机能够理解的三相交流电。下面，我们将通过简单的方式，揭示逆变器背后的工作原理。

▶▶ 用功率半导体产生正弦波

想象一下，逆变器是如何通过其内部的功率半导体生成正弦波的呢？这得益于前面章节中介绍的 PWM 控制技术（见图 6-7）。通过保持开关周期恒定，同时连续调整占空比，逆变器可以精确地控制输出电压，使其波形越来越接近正弦波。此外，进一步缩短开关周期，可以让输出的波形更加平滑，更加贴近理想的交流正弦波。

▶▶ 通过逆变器控制电动机

那么，逆变器是如何实际控制电动机的呢？在电动汽车中，从动力蓄电池输出的直流电经过逆变器，被变换为三相交流电，然后直接输送给电动机。通过精心控制 6 个（对于两电平逆变器而言）功率半导体的开关状态，逆变器可以产生出电压变化符合正弦曲线规律的三相交流电，为电动机提供稳定且高效的能量输入（见图 6-8）。逆变器通过调整开关周期和占空比，精确地控制输出的三相交流电的电压和频率，进而实现对电动机转速和输出的精确控制。这种控制方式被称为可变电压可变频率（Variable Voltage and Variable Frequency，VVVF）控制，它不仅在电动汽车中得到了广泛应用，在电车等轨道交通设备中也发挥着重要作用。

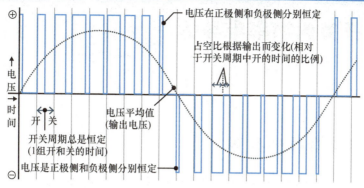

图 6-7　PWM 控制将直流电变换为交流电的原理

电压在正极侧和负极侧分别恒定

占空比根据输出而变化(相对于开关周期中开的时间的比例)

电压

时间

开　关

电压平均值(输出电压)

开关周期总是恒定(1组开和关的时间)

电压是正极侧和负极侧分别恒定

改变占空比，输出电压的平均值将形成正弦波

出处：根据赤津观监修编著的《史上最强彩色图解　全新电机技术一本通》（夏目社）中的图 D2-2-4 制作。

图 6-8　用逆变器控制三相交流电动机的结构

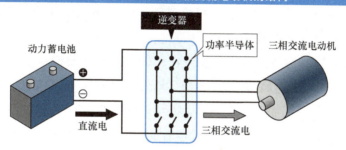

逆变器

功率半导体

三相交流电动机

动力蓄电池

直流电

三相交流电

逆变器内部有 6 个（在 2 级情况下）功率半导体，

每个都通过不断开关来产生模拟的三相交流电，并将其输送到三相交流电动机

要点

✎ 应用 PWM 控制，可以将直流电变换为三相交流电。

✎ 逆变器输出的三相交流电压形成模拟的正弦波。

✎ 改变三相交流的电压和频率，就可以控制电动机的旋转。

高速开关的功率半导体

▶▶ 功率半导体的类型

当我们讨论高速开关的功率半导体时，它们通常分为多种类型。

在当前的电动汽车市场中，动力控制单元中最为常见且广泛使用的功率半导体是以硅（Si）为基础材料的绝缘栅双极晶体管，简称 Si-IGBT（见图 6-9）。然而，尽管 Si-IGBT 表现出色，但它仍然面临着一些固有的局限性：较高的开关损耗（即关断损耗）和相对较低的工作频率（开关频率），这在某种程度上限制了其性能（见图 6-10）。

为了克服这些挑战，科研人员正在积极研发新型材料。其中，以碳化硅（SiC）为基础材料的金属-氧化物-半导体场效应晶体管（SiC-MOSFET）成为备受瞩目的替代品。SiC-MOSFET 的开关损耗远低于 Si-IGBT，这使得散热器设计更为紧凑，同时其高工作频率的特性也有助于无源元件的进一步小型化，为电动汽车的轻量化设计带来了福音。此外，与硅（Si）基 MOSFET（Si-MOSFET）相比，SiC-MOSFET 在芯片面积上更为小巧，便于安装于小型封装中，同时其恢复损耗极低，进一步提升了整体效率。因此，SiC-MOSFET 的研发和应用正逐渐成为行业内的热点，以推动电动汽车设备的小型化，并通过降低能耗来延长续驶里程。

▶▶ "嗡嗡" 声音的真相

在之前的章节（1-4 节）中，我们曾提及电动汽车在加速和减速过程中会发出一种"嗡嗡声"。这种声音实际上是由逆变器输出的三相交流电中的噪声所引起的，它导致了电动机等部件的振动。

然而，近年来，随着技术的进步，新推出的电动汽车中这种磁励音已经变得不那么明显。这主要得益于功率半导体工作频率的显著提升和噪声滤波器性能的持续改进。这些改进措施不仅降低了噪声水平，还提升了电动汽车的乘坐舒适性，使得电动汽车在性能与体验上更加接近甚至超越传统燃油车。

图 6-9　Si 半导体和 SiC 半导体

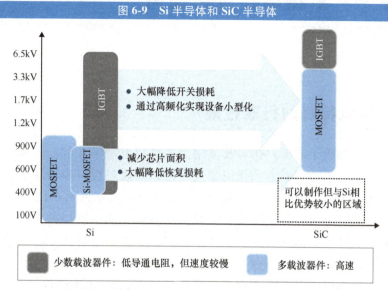

目前电动汽车广泛使用的是 Si-IGBT

出处：以 ROHM 网站"SiC-MOSFET"为基础制作。

图 6-10　Si-IGBT 和 SiC-MOSFET 的比较

功率半导体	开关损耗	工作频率
Si-IGBT	大	低
SiC-MOSFET	小	高

目前 SiC-MOSFET 的低成本化是一个课题

要点

✎ 有几种高速开关的功率半导体。

✎ 目前，电动汽车主要使用 Si-IGBT 作为功率半导体。

✎ SiC-MOSFET 可以实现散热器和无源部件的小型化。

行驶①：平稳地起步和加速

▶▶ 电动机特有的行驶性能

电动汽车相较于油车，在驾驶体验上展现出显著的优势。起步时，电动汽车更加平稳，几乎感受不到任何变速冲击，加速过程也极为流畅。这种体验差异源于发动机和电动机之间截然不同的转矩特性（见图6-11）。

燃油车的发动机在静止时转矩为零，随着转速的逐渐提升，转矩也相应增大，但达到某个转速点后便开始下降。因此，在行驶过程中，燃油车需要依赖变速器来逐步调整齿轮比，以确保动力能够顺畅地传递到车轮。这一过程中，不可避免地会产生变速冲击（部分自动变速器车辆除外）。

而电动汽车则截然不同。电动机在静止时即可达到最大转矩（理论上为无限大），虽然为了保护电动机免受过载，实际使用中会控制电流在一定水平内，但在低速旋转时，转矩依然保持恒定。此外，随着控制技术的飞速发展，电动机的输出可以在广泛的速度范围内实现连续控制，从而确保车辆从起步到高速行驶都能平稳、顺畅地输出所需动力。因此，电动汽车无需配备变速器，即可实现平稳地起步和加速。

更值得一提的是，从踩下加速踏板到转矩变化所需的时间（响应时间），电动机的表现远胜于发动机。发动机通常需要大约100ms的响应时间，而电动机仅需大约1ms。这意味着电动汽车的驾驶者能够更快速地感受到动力输出，实现更加灵敏的驾驶体验。

▶▶ 为什么电动机会安静地运转？

除了平稳的驾驶体验外，电动汽车在行驶时还表现出极低的噪声和振动水平。这主要得益于电动机本身的运行特性。与燃油车发动机在燃烧过程中产生的剧烈体积膨胀和活塞往复运动不同（见图6-12），电动机在运行时除了旋转轴的转动外，几乎没有其他机械运动。因此，除了之前提到的励磁声外，电动机在运行时几乎不会产生额外的声音和振动。

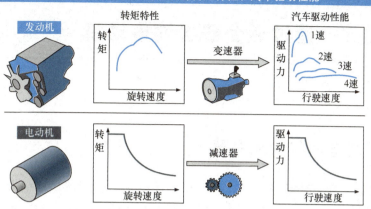

图 6-11　发动机和电动机的转矩特性和汽车驱动性能

电动机不需要变速器，可以平滑地提高转速

出处：根据广田幸嗣、小笠原悟司编著，船渡宽人、三原辉仪、出口欣高、初田匡之参编的《电动汽车工程（第 3 版）》（森北出版）中的图 3.9 制作。

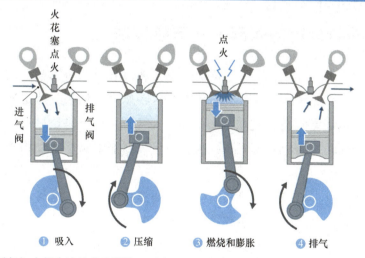

图 6-12　以汽油为燃料的四冲程往复式发动机的工作原理

① 吸入　② 压缩　③ 燃烧和膨胀　④ 排气

工作时气缸内部会连续发生爆炸，活塞进行往复运动，容易产生很大的噪声和振动

要点

  ✎ 电动汽车比燃油车的起步和加速更平滑。

  ✎ 两者的差异在于电动机和发动机的转矩特性。

  ✎ 电动机在运转时不像发动机那样产生噪声和振动。

行驶②：通过逆变器控制电动机

▶▶ 控制电动机的逆变器

在电动汽车的驱动系统中，核心组件无疑是三相交流电动机及其控制装置——逆变器。当前，电动汽车广泛采用三相交流电动机，而与之配合工作的逆变器则被称为"电压型"逆变器。这款逆变器具备卓越的性能，能够连续、精确地调节输出的三相交流电压和频率，从而实现对电动机扭矩和转速的精准控制（见图 6-13）。

▶▶ 高速行驶时的保障——弱磁控制

在电动汽车的行驶过程中，特别是在高速行驶时，对电动机的转矩和动力输出有着极高的要求。电动机的转矩在从转速为零到某一特定速度（基础速度）范围内通常保持恒定（见图 6-14）。然而，当转速超过这一基础速度时，转矩会随转速的增加而下降，这在一定程度上限制了电动汽车在高速行驶时的驱动力。

为了克服这一挑战，工程师们引入了弱磁控制技术。这种技术通过精心控制电动机内部的主磁通，使其在转速提高时磁通量按反比减少。这一创新策略确保了电动机在广泛的速度范围内能够保持恒定的动力输出，从而极大地扩展了电动汽车的行驶速度范围。

▶▶ 提高响应性的关键——矢量控制

对于电动汽车而言，加速和减速的响应性同样至关重要。为了提高这一关键性能，现代电动汽车普遍采用了矢量控制技术（见图 6-15）。矢量控制不仅实时监测和了解驱动用的三相交流电动机的运行状态，还根据这些状态信息精准地调节电压和频率，以实现电动机的最优性能。这种先进的控制技术不仅应用于电动汽车，还广泛应用于其他引入了逆变器控制的电车等交通工具中，为现代交通提供了更为安全、高效的动力保障。

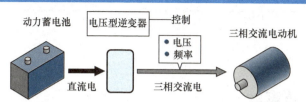

图 6-13　逆变器的工作原理

电压型逆变器通过改变三相交流电的电压和频率来控制电动机

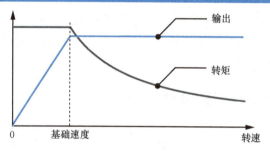

图 6-14　控制交流电动机的转矩和输出之间的关系（示意图）

控制直流电动机时，可以在广泛的速度范围内发挥恒定的输出

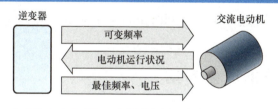

图 6-15　提高交流电动机响应性的矢量控制

在确认交流电动机运行状态的同时优化频率和电压

出处：以安川电机"逆变器的类型和特点"为基础制作。

要点

✎ 电动汽车的起动和加速由逆变器进行电气控制。

✎ 逆变器控制电动机的输出和转速。

✎ 通过引入矢量控制，实现了交流电动机的高精度控制。

停止①：制动的类型

▶▶ 两种制动系统

在电动汽车的制动技术中，液压制动和再生制动共同构成了两大核心系统，除了停车制动器之外，它们共同为车辆提供安全可靠的制动性能（见图 6-16）。当驾驶员踩下制动踏板时，这两种制动系统会协同工作，迅速而精准地产生所需的制动力。

▶▶ 释放能量的液压制动

液压制动，顾名思义，是通过液压系统推动制动片与车轮的旋转部分（鼓式或盘式）紧密接触，利用摩擦产生热量，从而达到制动效果（见图 6-17）。这一过程中，汽车的动能被转换为热能并释放到大气中。液压制动技术不仅广泛应用于电动汽车，同时也是燃油车的标配，其成熟稳定的性能赢得了广泛认可。

▶▶ 回收能量的再生制动

再生制动技术则是电动汽车的一大亮点。它巧妙地利用电动机作为发电机，在制动过程中将汽车的部分动能转换为电能（见图 6-18）。这些电能随后被充入动力蓄电池中，转换为化学能储存起来。这样，原本会随制动而损失的能量得到了有效回收。更重要的是，回收的电能可以在之后的起步或加速过程中再次使用，实现了能量的循环利用，从而显著提高了电动汽车的能量利用效率。

如今，再生制动技术已成为所有使用电动机驱动的电动汽车的标配。正是得益于这一技术，混合动力汽车能够在保证动力性能的同时，实现更高的能量效率，从而相较于传统燃油车更加节油环保。

图 6-16　液压制动和再生制动

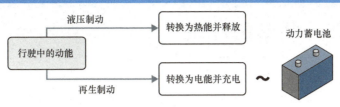

液压制动

行驶中的动能

再生制动

转换为热能并释放

转换为电能并充电

动力蓄电池

- 液压制动将动能转换为热能并释放
- 再生制动将动能的一部分转换为电能，给动力蓄电池充电

图 6-17　液压制动的种类

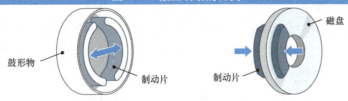

磁盘

鼓形物

制动片

制动片

a) 鼓式制动器

b) 盘式制动器

两者都使用液压将部件压向旋转部分，产生摩擦，从而获得制动力

出处：根据森本雅之编著的《电动汽车（第 2 版）》（森北出版）的图 10.6 制作。

图 6-18　再生制动的原理

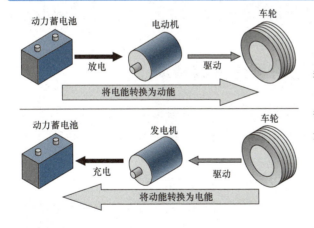

动力蓄电池

电动机

车轮

放电

驱动

将电能转换为动能

动力蓄电池

发电机

车轮

充电

驱动

将动能转换为电能

- 利用电动机作为发电机来获得制动力
- 再生制动回收了液压制动所释放的部分动能，因此提高了汽车整体的能量效率

要点

✏ 电动汽车的制动系统包括液压制动和再生制动。

✏ 液压制动通过摩擦获得制动力。

✏ 再生制动利用电动机作为发电机，获得制动力。

停止②：制动的协调

▶▶ 再生制动的弱点

为了最大限度地延长电动汽车的续驶里程，最理想的情况是尽可能依赖再生制动器来减速，以更有效地回收电动汽车的运动能量，并高效利用充入动力蓄电池的电能。

然而，在实际操作中，仅依赖再生制动器来减速并不总是可行的。因为在某些情况下，再生制动器可能无法提供足够的制动力。

再生制动的制动力不足的情况主要出现在以下三种场景（见图6-19）：首先，当动力蓄用电池接近满充电状态，难以进一步接受充电时；其次，在车辆以即将停止的极低速度行驶时；最后，当需要进行紧急制动，即需要快速且强大的制动力时。

▶▶ 协调两种制动系统的再生协调制动

为了解决这些问题，电动汽车采用了再生协调制动系统。这一系统结合了再生制动和液压制动，使两者能够相互协调，共同提供所需的制动力（见图6-20）。

在制动过程中，系统会优先使用再生制动，同时利用液压制动来补充任何不足的制动力。具体而言，当驾驶员在行驶中踩下制动踏板时，系统会首先启动再生制动；随着制动需求的增加，系统会适时加入液压制动，以提高整体制动力，确保车辆安全减速；而在车辆即将停止时，由于再生制动力会逐渐下降，系统将主要依赖液压制动来完成最后的减速和停车过程。

通过采用再生协调制动系统，电动汽车能够在保证安全性的同时，最大限度地回收能量，提高能量利用效率，从而延长续驶里程。

图 6-19　再生制动的制动力不足的三种情况

动力蓄电池接近充满电状态时　　在即将停止的极低速行驶时　　需要很大的制动力时

图 6-20　再生协调制动系统

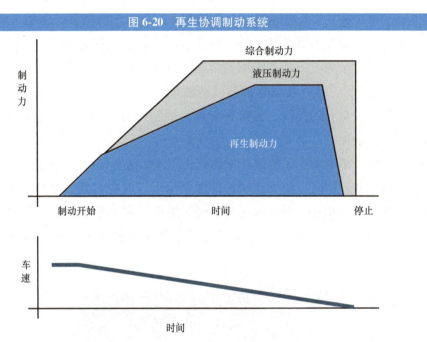

再生制动优先使用，同时接受液压制动的支持，通过两者结合来大幅提高综合制动力

出处：根据森本雅之编著的《电动汽车（第 2 版）》（森北出版）的图 10.8 制作。

要点

✎ 在电动汽车中，优先使用再生制动是理想的。

✎ 仅使用再生制动有时无法产生足够的制动力。

✎ 再生协调制动是通过协调再生制动和液压制动来实现的。

第
6
章

让我们尝试有意识驾驶，注意电力消耗和回收

让我们一起探讨如何更明智地驾驶电动汽车，从而更精确地掌握电力消耗与回收。你知道吗，电动汽车的续驶里程其实是可以由我们的驾驶习惯来调整的。想象一下，避免猛烈的加速和制动，而是平稳地变换速度，这样不仅能减少电力消耗，还能通过再生制动技术回收更多的能量，真是一举两得。

现在，许多电动汽车都配备了能量监控器，这个神奇的小工具能够实时显示车辆行驶中的电力消耗和回收情况。例如，在第1章中我们提到的日产第二代"聆风"，它的能量监控器就巧妙地设置在了速度表的左侧。你只需观察圆形仪表盘上的白线，它向右旋转表示电力消耗增加，向左旋转则表示再生电力在增加。

如果你希望电动汽车的续驶里程更长，那么请密切关注这条白线的动向。试着在加速时，稍微控制加速踏板的踩踏深度，避免白线过度向右旋转，这样就能有效减少能耗。而在减速时，轻轻地踩下制动踏板，你会发现白线向左旋转的幅度减少，这是因为车辆更多地依赖了再生制动，回收了更多的能量。

能量监控器（日产第二代"聆风"）

（注）驾驶时，请根据道路和交通状况优先安全顺畅地通行

第 **7** 章

~支撑持续动力的基础设施~

充电站和加氢站

电动汽车基础设施

▶▶ 汽车普及不可缺少的基础设施

为了让电动汽车和燃料电池汽车真正走进千家万户，构建完善的能源补充基础设施是不可或缺的（见图 7-1）。一旦这类基础设施不足，不仅补充能源的机会将大幅减少，而且车辆的活动范围也将受到严重限制，极大地降低了出行的便利性。

以本书作者所在国家日本为例，汽车保有量的增长与加油站（汽油站）的普及是相辅相成的（见图 7-2）。从 20 世纪 50 年代到 20 世纪 70 年代，随着加油站数量的不断增加，特别是当数量超过 5 万个时，汽车保有量也呈现出了持续且迅猛的增长势头。而从 20 世纪 90 年代起，由于自助式加油站等政策的放宽，虽然加油站数量有所减少，但整体汽车保有量依然保持稳健。

▶▶ 充电基础设施和加氢基础设施

对于电动汽车和燃料电池汽车来说，充电基础设施和加氢基础设施的完善同样至关重要。这意味着我们需要在各地广泛设置充电站，以满足电动汽车动力蓄电池的充电需求；同时，也需要构建完善的氢气充填网络，确保燃料电池汽车的氢气罐能够便捷地充填压缩氢气。只有这样，我们才能增加充电和氢气充填的机会，让电动汽车和燃料电池汽车的出行变得更加便捷。

然而，目前日本的充电基础设施和加氢基础设施的建设尚显滞后。例如，快速充电器作为充电基础设施的重要组成部分，虽然从 2010 年左右开始在全球范围内持续增加，但在日本，自 2017 年起，其数量增长几乎停滞（见图 7-3）。在 2020 年，尽管快速充电器的数量已经超过了 8000 个，但这与同年加油站数量（约 3 万个）相比，仍不到 30%。

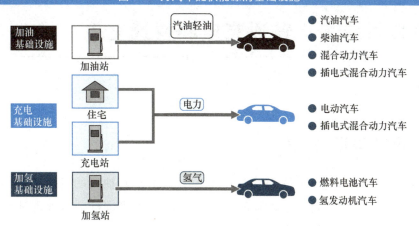

图 7-1　为汽车提供能源的基础设施

加油基础设施　加油站　汽油轻油 → ● 汽油汽车　● 柴油汽车　● 混合动力汽车　● 插电式混合动力汽车

充电基础设施　住宅　充电站　电力 → ● 电动汽车　● 插电式混合动力汽车

加氢基础设施　加氢站　氢气 → ● 燃料电池汽车　● 氢发动机汽车

为了提高汽车的便利性并推动其普及，完善这样的基础设施必不可少

图 7-2　日本的加油站数量和汽车保有量的推移

加油站在汽车保有量增加之前就已经增加了

出处：以日本经济产业省资源能源厅资源、燃料部石油流通课挥发油销售商数量及加油站数量的推移（注册基准）及汽车检查登记信息协会"汽车保有量的推移"为基础制作。

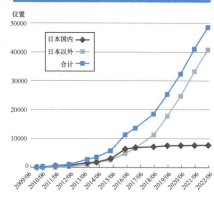

图 7-3　快速充电器的设置数量的推移

在日本，尽管从 2010 年左右开始有所增加，但从 2017 年左右开始停滞不前

出处：以日本 CHAdeMO 协议会"快速充电器设置场所的推移"为基础制作。

要点

✎ 汽车的普及离不开能源补给基础设施的建设。

✎ 在日本，汽车保有量是在加油站数量增加之后才增加的。

✎ 日本尚未充分建设充电基础设施和加氢基础设施。

电力供应①：普通充电和快速充电

▶▶ 电力供应的类型

电动汽车的充电方式多种多样，每种方式都有其独特的优势和适用场景（见图 7-4）。除了我们之前提到的通过充电插头连接进行动力蓄电池充电的方式，还存在一些创新性的充电方法。例如，非接触充电技术，它无需使用插头即可实现电能的传输，以及类似电车的受电弓（集电装置），通过它从外部直接接收电力供应进行充电。

▶▶ 普通充电和快速充电

如第 1 章所述，在插头充电的类别中，我们常见的有普通充电和快速充电两种方式（见图 7-5）。普通充电主要是利用家庭中的 100V 或 200V 单相交流电，通过电动汽车上的车载充电器将交流电转换为直流电，从而为动力蓄电池充电。这种方式虽然充电时间较长，但优点在于可以利用家用插座进行充电，非常适合在家中或长时间停车时使用。

而快速充电则是一种更为高效的充电方式。它利用地面充电器（充电站）提供的 200V 三相交流电，经过变换后直接为电动汽车的动力蓄电池充电。由于电流容量大，快速充电能在短时间内为电池充入大量电能。然而，频繁使用快速充电可能会对电池造成一定的损害，因此通常建议将电量充至80% 左右即可。

综合考虑，电动汽车的充电策略通常是在居家或长时间停车时采用普通充电方式，而在外出急需充电时则选择快速充电。这种能量补给方式与传统的燃油车截然不同，需要我们逐渐适应并理解其特点。

图 7-4　电动汽车从外部接受电力供应的方法

- 插头充电：普通充电、快速充电
- 非接触充电
- 受电弓集电

主要使用的是插头充电，分为普通充电和快速充电

图 7-5　普通充电和快速充电的结构

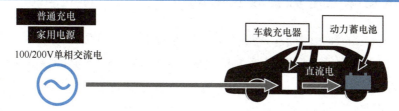

普通充电
家用电源
100/200V单相交流电

车载充电器　动力蓄电池

直流电

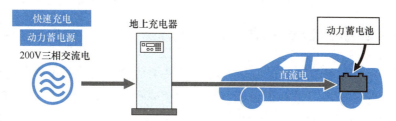

快速充电
动力蓄电源
200V三相交流电

地上充电器

动力蓄电池

直流电

普通充电提供单相交流电，快速充电则在短时间提供大量直流电

要点

- 电动汽车的充电方法有几种类型。
- 使用插头的插头充电包括普通充电和快速充电。
- 电动汽车与燃油车在能量供应的方式上有所不同。

电力供应②：为什么不能在短时间内完成充电

▶▶ 电动车充电耗费较长时间

电动汽车的充电时间相比燃油车的加油时间要长得多（见图 7-6）。以日产"聆风"为例，常规充电需要 8~16h，而快速充电（如 CHAdeMO 标准）也需要每次大约 30min。对于第一次驾驶电动汽车的人来说，他们可能会好奇："能不能在更短的时间内完成充电？"然而，充电需要时间并不仅仅是因为电池本身。

▶▶ 问题不仅仅是电池

实际上，充电时间的长短并不仅仅取决于动力蓄电池。虽然像日本东芝公司开发的"SCiB"这样的锂离子电池已经能够在 6min 内充电至 80% 以上（见图 7-7），但即使使用这样的电池，快速充电仍然需要 6min 以上的时间。这是因为充电站或电动汽车的设计复杂性及成本考量。

随着充电时流过电流的容量增大，充电站和电动汽车内部的充电结构也需要变得更加复杂。这不仅会增加设置和制造的成本，还可能需要更高的安全标准来确保充电过程的安全性。

近年来，日本以外的一些地区正在尝试解决充电时间长的问题。例如，中国通过提高充电站的输出功率和改进电动汽车的充电系统，使其能够支持更大的电流流过，从而缩短快速充电所需的时间。另外，中国还在尝试引入一种新技术，即在电动汽车底部搭载可交换的动力蓄电池，在几分钟内完成电池交换，从而大大减少充电导致的时间损失。这些尝试都旨在提高电动汽车的便捷性和实用性，使其更接近于燃油车的加油体验。

图 7-6 普通充电和快速充电的区别

充电设备的种类		普通充电			快速充电
		插座		杆式常规充电器	
		100V	200V	200V	
设想的充电场所（示例）	私人	独栋住宅、公寓、大楼、室外停车场等		公寓、大楼、室外停车场	—（非常有限）
	公共	汽车经销商、便利店、医院、商业设施、分时租赁停车场等			路边的车站、加油站、高速公路服务区、汽车经销商、商业设施等
充电时间	续驶里程160km	大约14h	大约7h		大约30min
	续驶里程80km	大约8h	大约4h		大约15min
充电设备主机价格示例（不含工程费）		几千日元		数十万日元	100万日元以上

快速充电比普通充电能在更短时间内完成充电，但充电设备的设备费用高

出处：根据日本经济产业省的《充电设备的种类》制作。

图 7-7　东芝开发的锂离子电池 "SCiB"

在 6min 内充电 80% 以上
※SCiB 是东芝的注册商标。
（照片提供：东芝）

要 点

✎ 电动汽车的充电比燃油车加油需要更多时间。

✎ 无法缩短快速充电时间是因为电流容量有限制。

第7章

电力供应③：充电插头的标准

▶▶ 多种规格

电动汽车的充电插头存在多种不同的规格，这些规格在全球范围内竞争市场份额。使用直流电的快速充电主要有 5 种规格，包括日本的"CHAdeMO"、中国的"GB/T"、美国和欧洲广泛使用的"COMBO"，以及美国特斯拉汽车公司的超级充电器等（见图 7-8）。这些规格在充电连接器的形状、电气方式和通信方式上各不相同。

▶▶ 日本诞生的"CHAdeMO"

其中，日本开发的"CHAdeMO"规格在日本得到了广泛应用。这个名称是"CHArge de MOve（移动充电）"的缩写，寓意着充电的便捷性（见图 7-9）。同时，它也包含了一种轻松的意味，即"在给汽车充电时，要不要来杯茶"。

▶▶ 发展高功率化和挑战

随着电动汽车的快速普及，全球正在推动快速充电器向高功率化发展。高功率化能够缩短充电时间，提高电动汽车的便利性。

然而，实现高功率化并不容易。高功率化不仅会增加快速充电器的设置和维护成本，还可能增加电动汽车的负担，如电池过热、电池寿命缩短等问题。

图 7-8　全球快速充电的主要标准

类别	CHAdeMO	GB/T	US-COMBO CCS1	EUR-COMBO CCS2	特斯拉超级充电器
连接器					
车侧入口					
IEC	✓	✓	✓	✓	
美国	◆IEEE		SAE		
欧盟	✓			✓	
日本	✓	✓	✓	✓	
中国		✓			
通信方式	CAN		PLC		CAN
最大输出功率（规格）	400kW 1000V 400A	185kW 750V 250A	200kW 600V 400A	350kW 900V 400A	?
最大输出功率（市场）	150kW	50kW	50kW	350kW	120kW
设置初号机	2009年	2013年	2014年	2013年	2012年

出处：CHAdeMO 协会"关于超高功率充电系统的共同开发"，2018 年 8 月 22 日制作。

图 7-9　"CHAdeMO"充电插头

在日本，快速充电器的插头几乎都是统一为"CHAdeMO"

要点

✎ 充电插头存在多个不同的规格。

✎ 在日本，主要使用被称为"CHAdeMO"的快速充电规格。

✎ 快速充电器的高功率化并不容易。

电力供应④：受电弓集电

▶▶ 用受电弓取电

电动汽车的充电方式除了传统的插头充电外，还有一种与电车相似的充电方式，即使用受电弓从外部供电。这种方式已经在无轨电车上使用多年，现在有人正在尝试将其应用到电动汽车的充电上。

▶▶ 通过专用道路供电的"eHighway"

其中，德国西门子公司（简称西门子）开发的"eHighway（电子高速公路）"货运系统是一个典型的例子（见图 7-10）。该系统专为道路货物运输的电气化而设计，利用混合动力卡车系统，卡车既可以使用电动机也可以使用柴油发动机驱动。

当混合动力卡车进入专用道路时，会升起受电弓与道路上的架空线接触，从而接收电力供应。在接收电力的同时，卡车会使用电动机驱动并为其电池充电。当卡车离开专用道路时，会降下受电弓，继续使用柴油发动机或电动机驱动。

▶▶ 在公交车站充电的系统

另外，西门子还开发了一种在公交车站充电的系统（见图 7-11）。这种系统利用电动公交车的技术，在公交车长时间停靠车站时，公交车会升起受电弓与车站设置的架空线接触，接收电力供应并为动力蓄电池充电。这种方式作为无需手动连接充电器的供电系统而备受期待。

图 7-10　德国西门子开发的"eHighway"

混合动力卡车像电车一样用受电弓集电行驶

（照片提供：德国西门子股份公司）

图 7-11　西门子开发的带受电弓的电动公交车

停车时升起受电弓充电

（作者拍摄于德国柏林的 InnoTrans 2016 会场）

要点

✍ 存在使用受电弓供电的系统。

✍ "eHighway" 是卡车通过专用道路上的受电弓集电行驶。

✍ 有些电动公交车可以在停车时升起受电弓进行充电。

电力供应⑤：非接触充电

▶▶ 无线充电

目前，电动汽车行业正积极探索并应用非接触充电技术，这种技术无需物理接触即可为车辆提供电力，为动力蓄电池进行充电。

非接触充电技术主要包含三种类型：电磁感应方式、电磁场共振方式和无线电波方式（见图 7-12）。

其中，电磁感应方式凭借其独特的原理在实际应用中脱颖而出。该方式通过输电（一次）线圈与受电（二次）线圈的相邻配置，利用电磁感应现象实现电力的传递（见图 7-13）。尽管这种方式在传递大功率时表现出色，但当线圈间距离增加时，输电效率会相应降低，影响电力传输效果。

电磁场共振方式则利用电磁场与共振现象的相互作用，实现从输电线圈到受电线圈的电力传输。

而无线电波方式则是将电流转换为微波等电磁波，通过天线进行电力传输。尽管这种方式能够实现远距离传输，但送电效率相对较低。

▶▶ 行驶时无线供电

值得一提的是，在日本，非接触充电技术的应用已经取得了实质性进展。目前实际应用中，主要采用的是电磁感应方式。当电动汽车停放在地面线圈上方时，便能高效接收电力供应，为电池充电。

此外，动态无线供电技术也正在紧锣密鼓地研发中。这种技术旨在实现电动汽车在行驶过程中非接触式接收电力供应。它将道路中嵌入的供电系统与电动汽车的受电线圈相结合，实现连续供电。若此技术得以成功应用，将有望大幅降低电动汽车的电池容量，从而延长续驶里程，为电动汽车的普及与发展注入新的活力。

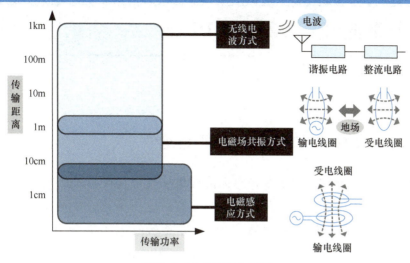

图 7-12　非接触充电的种类

无线电波方式　电波

谐振电路　整流电路

电磁场共振方式　地场

输电线圈　受电线圈

电磁感应方式

受电线圈

输电线圈

传输距离

1km
100m
10m
1m
10cm
1cm

传输功率

传输功率和传输距离不同

出处：以日刊工业新闻社编、新一代汽车振兴中心合作《在街上奔跑的 EV、PHV——面向基础知识和普及的城市构想》（日刊工业新闻社）的第 37 页为基础制作。

图 7-13　在日本实用化的非接触充电（电磁感应方式）

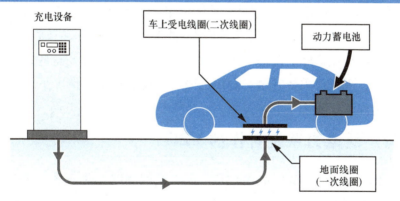

充电设备

车上受电线圈(二次线圈)

动力蓄电池

地面线圈
(一次线圈)

汽车停在地面线圈上，从地面设备接收电力供应

要点

✎ 非接触式充电有 3 种类型。

✎ 日本已经使用在停车时通过非接触充电的系统。

✎ 日本正在开发在行驶中可以进行非接触充电的系统。

电力供应⑥：V2H 和 V2G

▶▶ 将电动汽车和电力系统相结合

随着电动汽车的日益普及，电力需求也呈现出显著增长的趋势，这无疑给现有的发电站带来了沉重的负担。为了缓解这一压力，并积极响应可再生能源的利用，全社会正积极推进将电动汽车与电力系统相结合的 V2H（Vehicle to Home）和 V2G（Vehicle to Grid）技术的引入。

▶▶ 将家庭和电力系统结合的 V2H

V2H 是 Vehicle to Home 的缩写，即车辆到家庭，它允许电动汽车的动力蓄电池作为家庭电源的补充。在现代家庭中，我们已经开始引入 HEMS（Home Energy Management System，即家庭能源管理系统）和智能电网技术，这些技术旨在优化家庭能源消费和整体电力使用。将 V2H 与这些系统及电动汽车相结合，不仅可以提升电力利用的效率，还能在紧急情况下为家庭提供可靠的电力保障（见图 7-14）。

▶▶ 与广泛电力系统合作的 V2G

而 V2G 是 Vehicle to Grid 的缩写，即车辆到电网，则是将电动汽车与广泛的电力系统相连接，实现电动汽车向电力系统的反向供电（见图 7-15）。这一技术旨在结合风力、太阳能等可再生能源的不稳定特性，通过电动汽车的充电系统来平衡电力供应。与传统的火力发电相比，电动汽车的充电系统更具灵活性，能够更好地应对负荷变化，从而确保电力供应的稳定性和可靠性。

图 7-14　V2H 的工作原理

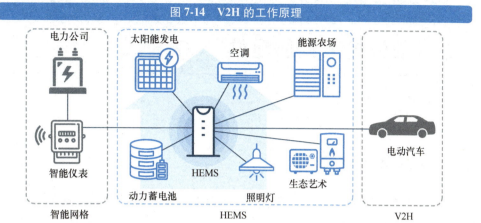

将电动汽车动力蓄电池的电力供给家庭电力系统

出处：根据森本雅之编著的《电动汽车（第 2 版）》（森北出版）的图 12.10 制作。

图 7-15　V2G 的工作原理

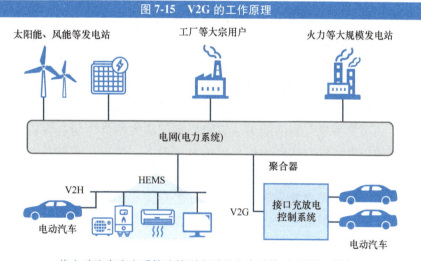

将电动汽车充电系统连接到广泛的电力系统（电网）连接

出处：根据森本雅之编著的《电动汽车（第 2 版）》（森北出版）的图 12.11 制作。

要 点

✏ 作为优化电力利用的手段，V2H 和 V2G 的引入正在推进。

✏ V2H 可以优化家庭电力消费。

✏ V2G 可以使可再生能源导致的不稳定电力供应得到平衡。

氢气的供给①：加氢站

▶▶ 加氢站的类型

以氢气为燃料的汽车，主要分为燃料电池汽车和氢气内燃机汽车两大类。这些汽车得以运行的关键在于一个名为加氢站的基础设施，它为它们提供必要的氢气供应。

加氢站根据其运作方式，大致可分为固定式和移动式两大类。固定式加氢站类似于我们常见的加油站，它们设置在固定的地点，为用户提供稳定的氢气服务。而移动式加氢站则更为灵活，通常指的是搭载氢气罐的拖车等可移动设备，能够迅速响应各种临时或特殊需求。

固定式加氢站进一步细分为现场型和非现场型（见图 7-16）。现场型加氢站内部设有氢气制造设备，能够自行生产氢气以满足用户需求。而非现场型加氢站则不具备氢气制造能力，它们依赖于从大型氢气制造设备处通过拖车运送来的成品氢气，从而为用户提供氢气服务。值得注意的是，所有的移动式氢气站都属于非现场型。

加氢站配备了先进的分配器，这些分配器能够快速、安全地向汽车供应压缩氢气。分配器上带有软管，用户只需将软管前端的接口紧密贴合在汽车的填充口上，即可开始向汽车的氢气罐供应压缩氢气。整个填充过程高效迅速，通常仅需约 3min 即可完成。

▶▶ 氢气的制造方法

至于氢气的制造方法，目前主要有 4 种主流技术。第 1 种方法是以化石燃料为原料的方法，这种方法虽然成熟但并非最环保；第 2 种方法是利用副产物进行精制的方法，这些副产物通常是工业过程的副产品，经过精制后可以转换为氢气；第 3 种方法是利用生物质等获取甲醇或甲烷气体作为原料，这种方法因能够利用褐煤、下水道污泥等废弃物而受到关注；第 4 种方法则是利用可再生能源产生的电力电解水，这种方法完全依赖可再生能源，被认为是未来氢气制造的重要方向（见图 7-17）。

图 7-16　固定式加氢站的结构

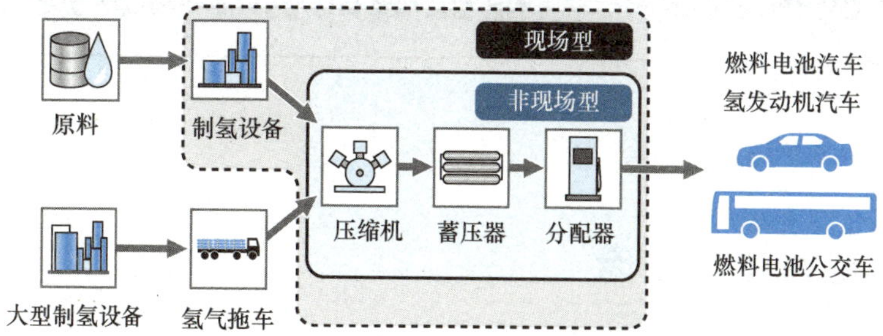

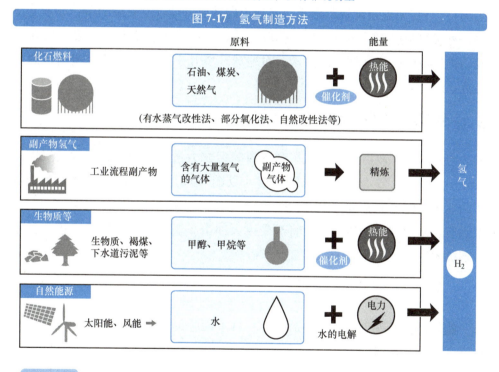

氢气制造设备只有现场型，没有非现场型

图 7-17　氢气制造方法

要点

📝 向汽车供应氢气的基础设施被称为加氢站。

📝 加氢站有固定式和移动式。

📝 固定式包括现场型和非现场型。

氢气的供给②：氢能社会的合作与发展

▶▶ 氢被关注的原因

氢气，作为一种能源，与化石燃料截然不同的原因主要有 3 个（见图 7-18）。它无需担忧资源枯竭，能够为构建可持续社会贡献力量；如前文所述，氢气的制造方法多样，易于获取，并且还可以用在燃料电池发电或氢气发动机运行中；其排放物仅为水，对地球环境几乎无负担，堪称清洁能源的典范。

▶▶ 实现氢能社会

因此，日本政府正携手汽车制造商等多方力量，共同致力于构建氢能社会——一个以氢气为主要能源的社会（见图 7-19）。这背后的驱动力源于日本的能源现状：能源资源匮乏，能源自给率低，依赖外部能源供应，一旦能源供应链出现波动，整个社会将遭受巨大冲击。氢能社会的构建，正是日本为解决国家能源问题而采取的重要举措。

▶▶ 加氢站建设的滞后

然而，在实现氢能社会的道路上，日本面临的首要挑战便是加氢站的建设进度滞后。自 2015 年世界上第一款量产型燃料电池汽车"未来"（Mirai）投入市场以来，虽然加氢气站的数量有所增长，但之后增长势头明显放缓，目前加氢气站的数量仅为加油站数量的 1%，这无疑成为氢燃料汽车广泛普及的一大瓶颈。

图 7-18　氢气作为下一代燃料受到关注的 3 个主要原因

不用担心枯竭　　　　易于获取　　　　清洁

图 7-19　氢能社会的构想

不使用化石燃料，而是利用氢气作为能源

来源：日本环境省"实现脱碳、氢能社会所需的氢供应链"。

要点

✎ 氢气作为下一代燃料受到关注的原因主要有 3 个方面。

✎ 日本政府为了解决能源问题，致力于实现氢能社会。

✎ 加氢站的建设需要时间。

尝试寻找最近的加氢站

在第 1 章的"实践活动"中，我们寻找了充电站。在本章中，让我们来寻找加氢站。截至 2023 年 1 月，日本目前有 164 处正在运营的加氢站。

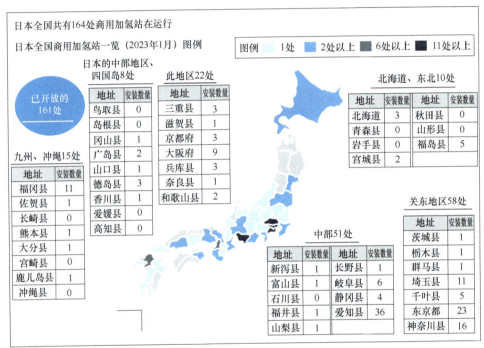

日本全国共有164处商用加氢站在运行

日本全国商用加氢站一览（2023年1月）图例

图例 ☐ 1处 ■ 2处以上 ■ 6处以上 ■ 11处以上

已开放的 161处

日本的中部地区、四国岛8处

地址	安装数量
鸟取县	0
岛根县	0
冈山县	1
广岛县	2
山口县	1
德岛县	3
香川县	1
爱媛县	0
高知县	0

此地区22处

地址	安装数量
三重县	3
滋贺县	1
京都府	3
大阪府	9
兵库县	3
奈良县	1
和歌山县	2

九州、冲绳15处

地址	安装数量
福冈县	11
佐贺县	1
长崎县	0
熊本县	1
大分县	1
宫崎县	0
鹿儿岛县	1
冲绳县	0

北海道、东北10处

地址	安装数量	地址	安装数量
北海道	3	秋田县	0
青森县	0	山形县	0
岩手县	0	福岛县	5
宫城县	2		

中部51处

地址	安装数量	地址	安装数量
新潟县	1	长野县	1
富山县	1	岐阜县	6
石川县	0	静冈县	4
福井县	1	爱知县	36
山梨县	1		

关东地区58处

地址	安装数量
茨城县	1
栃木县	1
群马县	1
埼玉县	11
千叶县	5
东京都	23
神奈川县	16

各都道府县的商用加氢站数量
出处：日本环境省网站。

如果你想找到最近的加氢气站，可以尝试使用互联网进行搜索。例如，使用智能手机，在 Google 等搜索软件上使用"最近的加氢站"这样的关键词进行搜索，将会显示一张地图，指示出靠近当前位置的加氢气站，以及各自的联系方式和营业时间。

第 8 章

~电动汽车与环境保护~

深度剖析其"绿色"程度

电动汽车真的环保吗

▶▶ 环境法规下诞生的汽车

正如我们在 1-1 节中所提及的，电动汽车在行驶时不会排放任何对环境有害的物质，如二氧化碳（CO_2），因此被誉为"环保汽车"的代表。作为零排放汽车（ZEV）和新一代汽车的标杆，电动汽车一直承载着"绿色出行"的期待。

正因如此，不仅仅是发达国家，全球多国在加强对传统燃油车尾气排放的管控的同时，也在大力推动电动汽车等"环保汽车"的普及。

这一趋势带来了显著的结果，全球"环保汽车"的销售量呈现出大幅增长的态势。以英国伦敦为例，为了降低公共交通的碳排放，伦敦交通局（Transport for London，TfL）积极推动公交车电动化（见图 8-1）。此外，在挪威、荷兰、中国等国家，将电动汽车的普及作为国家战略之一，电动汽车的销售量也实现了快速增长。

▶▶ 对"环保"的疑问

然而，关于电动汽车是否真的"环保"这一问题，答案并非一目了然。如果电动汽车在充电时所使用的电力、制造及报废过程中也依赖于排放 CO_2 的发电方式，那么其"环保"属性就值得商榷。同时，如果电动汽车使用的动力蓄电池等部件在报废后被直接丢弃，也会对环境造成影响。

因此，在判断电动汽车是否真正"环保"时，我们不仅要考虑其行驶过程中的零排放特点，还需综合考虑充电电力的来源、制造及报废过程中的环境影响，从整个生命周期的角度出发进行全面评估（见图 8-2）。

图 8-1　在伦敦行驶的双层电动公交车

- 由中国汽车制造商比亚迪制造
- 伦敦交通局为了减少公共交通的整体 CO_2 排放量，正在积极推动公交车电动化

（照片提供：路透社／Aflo）

图 8-2　电动汽车的生命周期

生命周期阶段	零部件及车辆制造	汽车的使用	废弃物再利用
降低环境负荷的活动	削减来自工厂、物流的CO_2排放量	• 提高油耗性能(内燃机效率化、电动化、轻量化等) • 促进替代燃料应对技术的开发	减少废弃物产生量，推进再利用

LCA　• 定量评估环境影响
　　　• 确定减少的机会/从措施中获取反馈

是否"环保"，需要环视整个生命周期并综合判断

出处：以马自达官方网站"LCA（生命周期评价）"为基础制作。

要点

- 电动汽车作为"环保汽车"的一种，销量一直在增长。
- 也有像挪威这样将增加电动汽车作为国家战略的国家。
- 要判断电动汽车是否"环保"，需要从总体上考虑。

隐藏的二氧化碳排放真相

▶▶ 不同发电方式的二氧化碳排放量

我们确实需要深入关注二氧化碳（CO_2）的排放量，尤其是在那些看似"隐形"的环节，如发电厂。

发电厂的发电方式五花八门（见图 8-3），其中，核电和可再生能源发电等都属于在发电过程中不排放 CO_2 的清洁方式。然而，与之相对的是使用化石燃料如石油、煤炭、天然气（LNG）进行发电，这些方式在能源消费过程中会不可避免地排放 CO_2。

如果电动汽车的充电电力中包含了由火力发电产生的电力，那么我们就不能单纯地将电动汽车视为"环保"的象征。

▶▶ 目前日本火力发电比例较大

发电方式的比例（电源构成）因国家或地区而异（见图 8-4）。

目前，日本的电源构成中，化石燃料（如石油、煤炭、天然气）的火力发电占据了近 80% 的份额。这种高火力发电比例的形成，与 2011 年东京电力福岛第一核电站事故有着密切的关系，该事故导致了日本所有核电站的停运。目前，仅有约 4% 的电力来自事故后重新启动的核电站。

在这样一个火力发电占据主导的国家中，电动汽车在充电过程中所使用的电力，很可能来源于那些会排放 CO_2 的发电方式。因此，我们在谈论电动汽车的"环保"时，必须持谨慎态度。

要真正解决这个问题，我们必须努力增加电力构成中可再生能源的比例，以确保电动汽车的充电电力更加清洁、环保。

图 8-3　发电厂使用的主要发电方式

不排放CO$_2$的发电方式

- 核电
- 可再生能源发电
（水力、太阳能、风力等）

排放CO$_2$的发电方式

火力发电
（石油、煤炭、天然气）

2011 年东京电力福岛第一核电站事故发生后，

可再生能源发电作为不排放 CO$_2$ 的发电方式受到关注

图 8-4　主要国家发电量中可再生能源所占比例的比较

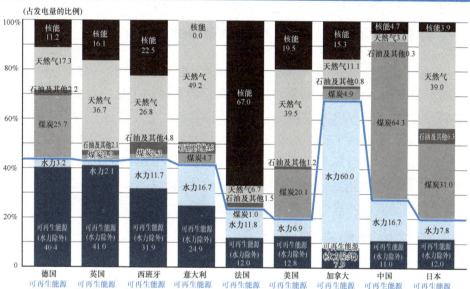

（占发电量的比例）

要 点

🖊 如果电动汽车使用火力发电产生的电力充电，则不能称之为"环保"。

🖊 在当前日本的电力构成中，火力发电占据了近 80% 的比例。

🖊 未来需要增加可再生能源的比例。

综合评估电动汽车的环境性能

▶▶ 比较环境性能的两个指标

要全面评价电动汽车的环保性，我们需要从多个维度、从制造到废弃的整个生命周期进行综合考量。在这里，我将介绍两个重要的评估指标："Well to Wheel"和"LCA"。

▶▶ 评估使用时的"Well to Wheel"

首先，让我们来谈谈"Well to Wheel"评估方法。这一指标是从油田（Well）到车轮（Wheel）的全方位考量，它定量评估了从一次能源的开采到车辆行驶过程中对环境造成的负荷。以汽油为例，它不仅涵盖了从油田开采原油的过程，还包括了原油运输、提炼、加油站的储存、车辆加油及最终驱动汽车车轮等一系列环节。图8-5展示了通过"Well to Wheel"评估各种汽车每公里的CO_2排放量的结果，从中我们可以清晰地看到，电动汽车的CO_2排放量会因其所依赖的发电方式而有显著的不同。

▶▶ 评估生命周期的"LCA"

接下来，我们转向"LCA"评估方法。LCA，即Life Cycle Assessment（生命周期评估），是一个更为全面的评估指标，它定量评估了汽车从制造到废弃的整个生命周期中对环境造成的负荷。这包括汽车生产过程中的原材料开采、加工、组装，以及汽车在使用过程中的能耗、排放，直至最终的报废和回收。图8-6展示了通过"LCA"评估各种汽车从制造到废弃过程中二氧化碳排放量的对比，从中我们可以发现，插电式混合动力汽车（PHV）在某些情况下，其CO_2排放量甚至比纯电动汽车（EV）还要低。

这两个评估指标为我们提供了全面的视角，帮助我们更加准确地理解和评价电动汽车的环保性。在选择和使用电动汽车时，我们应该综合考虑这些评估结果，以便更好地推动绿色出行，实现可持续发展。

图 8-5 通过"Well to Wheel"评估各种汽车每公里的 CO_2 排放量

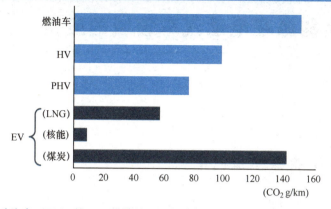

（CO_2 g/km）

电动汽车（EV）的 CO_2 排放量，根据消耗电力的发电方式不同而不同

出处：根据日本 clicccar 网站上的「现在不得不问的"电动车"是什么？包括"电动汽车""PHEV""HEV""燃料电池汽车"在内的车辆特点和成本比较、介绍」为基础制作。

图 8-6 通过"LCA"评估的各种汽车的 CO_2 排放量

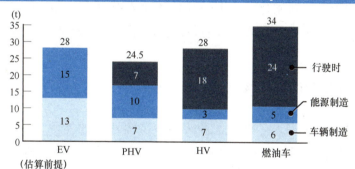

行驶时
能源制造
车辆制造

（估算前提）
● 每年行驶1.5万km
● 使用期限10年
● EV的电池容量为80kW·h，PHV为10.5kW·h（EV行驶时为60%左右）

其中插电式混合动力汽车（PHV）最少

出处：以 IEA"Global EV Outlook 2022"为基础制作。

要点

✎ 主要的环境性能指标有"Well to Wheel"和"LCA"。

✎ "Well to Wheel"是关注能源消耗过程的指标。

✎ "LCA"是关注汽车生命周期的指标。

可再生能源在电动汽车领域的应用

▶▶ 可再生能源和绿色电力

要使电动汽车真正成为"环保"的交通工具，我们必须确保它们使用的是不排放 CO_2 的电力来充电。除了通过核电产生的电力外，这类电力还包括由可再生能源（见图 8-7）生成的"绿色电力"。

自从 2011 年东京电力福岛第一核电站事故发生后，绿色电力的利用便被视为实现碳中和（脱碳化）与可持续发展的关键途径，受到了广泛关注。因此，目前我们正在努力创造更多的条件，以便更多的电动汽车能够使用这种绿色电力。

▶▶ 可再生能源的优、缺点

谈及可再生能源，它指的是自然界中持续存在的能源，如水力、地热、生物质、太阳能、风能等。这些能源的主要优点在于"永不枯竭""分布广泛"及"不排放 CO_2"（不会加剧温室效应，见图 8-8）。

然而，它们也有其局限性。主要缺点包括"能源密度低""无法根据电力需求实时调节发电量"及"发电成本相对较高"。另外，水力发电和地热发电虽然发电量相对稳定，但大坝建设和地热资源的地理位置却有限制。太阳能发电和风力发电在选址上相对灵活，但其发电量却极大地受到季节和天气的影响。太阳能发电还面临着夜间无法发电的挑战。

为了克服这些缺点并充分利用可再生能源，我们正在积极推动智能电网和氢能社会的构建。这些系统的实现将为我们提供更加高效、可靠且环保的能源解决方案。

图 8-7　主要的可再生能源

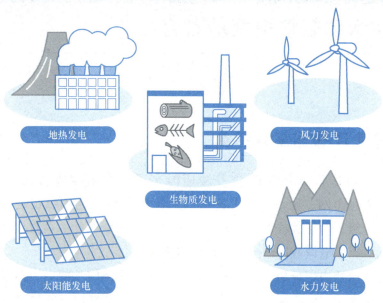

地热发电

生物质发电

风力发电

太阳能发电

水力发电

都是自然界中存在的能量，可以用于发电

图 8-8　可再生能源的主要优、缺点

主要优点	主要缺点
• 不枯竭 • 在任何地方都存在 • 不排放CO_2	• 能量密度低 • 不能按需发电 • 发电成本较高

要 点

✎ 通过可再生能源获得的电力被称为绿色电力。

✎ 电动汽车使用绿色电力可以变得"环保"。

✎ 需要技术来弥补可再生能源的缺点。

IT 技术和智能电网的融合

▶▶ 利用 IT 技术实现平衡

如今，包括日本在内的众多发达国家正致力于构建智能电网（见图 8-9）。智能电网，这一术语代表"智能电力网络"，它不仅仅是对现有电力网络的升级，而是通过集成先进的 IT 技术，实时洞察能源需求，并高效地将电力从各类发电设备传输至各个角落的机制。

智能电网的构想最初在美国诞生，用以应对日益增长的电力需求。它不仅仅涵盖发电站和输电网，更将家庭和工厂等电力消费地点通过光纤等网络连接在一起，以实现电力供应的高效管理。

▶▶ 积极引入可再生能源

随着智能电网的逐步成熟，可再生能源的引入变得更加积极和有效。借助智能电网的先进技术，我们能够减少传统发电站排放的 CO_2，从而提高绿色电力在总电力供应中的比例，有助于降低整个社会的碳排放。此外，智能电网还能够更好地应对太阳能发电（见图 8-10）和风力发电等波动性较大、规模较小的发电方式，使可再生能源的利用更加高效和灵活。

▶▶ 通过绿色电力充电接近真正的"环保汽车"

在智能电网的支撑下，如果我们能够优先为充电设施提供绿色电力，那么在这些设施充电的电动汽车将更接近于真正的"环保汽车"。这不仅是对环境负责的表现，也是对未来可持续交通方式的有力探索。

图8-9　智能电网的概念图

智能电网添加的内容

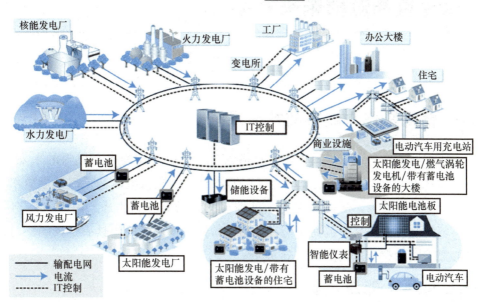

核能发电厂　　火力发电厂　　工厂　　办公大楼

变电所　　　住宅

水力发电厂　　IT控制

商业设施　　电动汽车用充电站

蓄电池　　太阳能发电/燃气涡轮发电机/带有蓄电池设备的大楼

风力发电厂　　储能设备　　太阳能电池板

蓄电池　　控制

输配电网
电流
IT控制

太阳能发电厂　　太阳能发电/带有蓄电池设备的住宅　　智能仪表　　蓄电池　　电动汽车

通过利用IT技术，将发电设备和消费设备通过网络连接起来，有效提高整个地区的电力供应效率

出处：日本经济产业省、新一代能源系统国际标准化研究会、2010年1月"面向新一代能源系统国际标准化"。

图8-10　太阳能电池板

发电量受天气影响很大，但是与智能电网结合后，能够有效利用所发的电力

（照片提供：Image Mart）

要点

✏ 智能电网提高了整个地区的电网输电效率。

✏ 通过智能电网，提高可再生能源的利用效率。

✏ 电动汽车，通过智能电网接近真正的"环保汽车"。

构建氢能源的未来社会

▶▶ 使用氢作为燃料的社会系统

正如前文 7-9 节所述,氢能社会描绘了一个以氢作为核心燃料的未来蓝图(见图 8-11)。在这个系统中,氢在燃烧或通过燃料电池转换时仅生成水,而不释放任何 CO_2,从而被视为一种理想的清洁能源。此外,正如 7-8 节所述,氢的制造方法多样且易于储存,这些特性使得氢能社会具有巨大的潜力,能够显著减少整个地区的 CO_2 排放量。

▶▶ 可再生能源与氢

在可再生能源与氢的交融中,氢能社会展现了其高效利用的能力。太阳能发电和风力发电等可再生能源虽然供应波动较大,但氢能社会巧妙地利用这些能源的电力进行水的电解,将产生的氢储存在专门的储氢罐中,以备后用。

储存的氢不仅可以直接供给燃料电池汽车使用,还能通过燃料电池转换为电能,为电动汽车或插电式混合动力汽车提供充电服务(见图 8-12)。这种多元化的应用模式,进一步彰显了氢能社会的灵活性和实用性。

▶▶ 日本致力实现氢能社会的理由

对于日本而言,实现氢能社会尤为重要。由于日本自身能源资源匮乏,几乎全部依赖进口化石燃料,能源自给率较低。因此,日本正致力于构建智能电网和氢能社会,通过提高电网传输效率和有效利用可再生能源,以实现能源自给率的提升,确保国家能源安全。

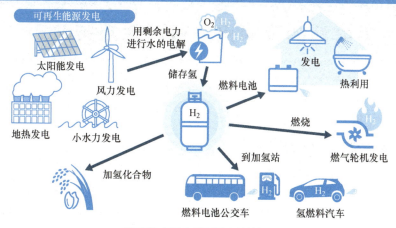

图 8-11　氢能社会的概念图

可再生能源发电

用剩余电力
进行水的电解

储存氢

燃料电池

发电

热利用

燃烧

太阳能发电

风力发电

地热发电

小水力发电

加氢化合物

到加氢站

燃气轮机发电

燃料电池公交车

氢燃料汽车

氢成为全社会消耗能源的核心

出处：以 NPO 法人 R 氢网络为基础制作。

图 8-12　氢和汽车的关系

氢

加氢站

燃料电池汽车/氢发动机汽车

氢

燃料电池

电动汽车/插电式混合动力汽车

氢不仅是燃料电池汽车的燃料，还可以用来通过燃料电池发电，
为电动汽车和插电式混合动力汽车充电

要点

✎ 氢能社会是一个将氢作为燃料利用的社会系统。

✎ 在氢能社会中，可以高效地使用可再生能源。

✎ 为了提高能源自给率，日本正致力于实现氢能社会。

动力蓄电池的再利用与循环利用策略

▶▶ 动力蓄电池的处理

如果要赋予电动汽车"环保汽车"的美誉，就必须构建一个完善的系统，确保对其关键部件——尤其是那些含有昂贵稀有金属且难以处理的动力蓄电池进行恰当的处理、影响环境的物质的去除及最终的安全废弃。在本节中，我们将深入探讨电动汽车中这一关键组件的再利用和材料回收问题。

▶▶ 再利用动力蓄电池

电动汽车的动力蓄电池，在经历了大约 10 年的服务周期后，通常需要更换。然而，这些被替换下来的旧电池并非一无是处。它们的剩余性能仍然可以被进一步利用（见图 8-13）。性能相对较高的电池，可以经过适当的测试和认证后，用于其他类型的车辆，如叉车；而性能稍低的电池，则可以作为工厂等固定场所的储能系统。

▶▶ 回收材料

当动力蓄电池的性能无法满足再利用要求时，就需要进行拆解和材料回收。锂离子电池中的锂、钴、镍等稀有金属，由于它们的产地集中且资源风险较高，因此回收这些金属显得尤为重要。回收后的金属可以用于制造新的电池，从而实现资源的循环利用（见图 8-14）。

目前，这些再利用和回收工作主要由汽车制造商的集团公司承担。随着电动汽车的普及和市场规模的扩大，材料成本也在不断上升。因此，对于稀有金属的回收，日本和欧洲的企业正积极投入研发和推广，并逐渐在全球范围内形成了一套完善的回收体系。这不仅有助于降低电动汽车的制造成本，还有助于减少对环境的负面影响，真正实现电动汽车的"环保"理念。

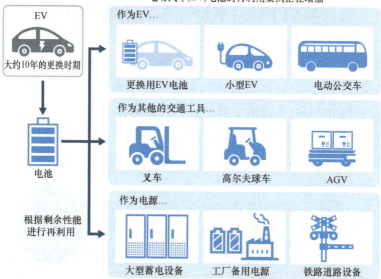

图 8-13　动力蓄电池的再利用

电动汽车(EV)电池的再利用案例正在增加

作为EV…

更换用EV电池　　小型EV　　电动公交车

作为其他的交通工具…

叉车　　高尔夫球车　　AGV

作为电源…

大型蓄电设备　　工厂备用电源　　铁路道路设备

EV
大约10年的更换时期

电池

根据剩余性能
进行再利用

出处：以日本经济新闻社「EV电池"第2人生"商机再利用总结读」
2021年12月31日为基础制作。

图 8-14　锂离子电池中使用的主要稀有金属和产出国的比例

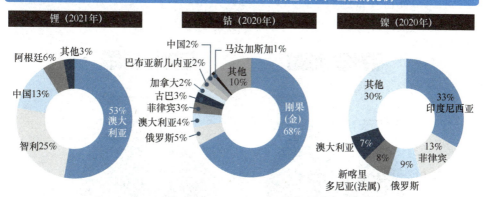

锂（2021年）

其他3%
阿根廷6%
中国13%
智利25%
53%
澳大利亚

钴（2020年）

中国2%　　马达加斯加1%
巴布亚新几内亚2%
加拿大2%
古巴3%
菲律宾3%
澳大利亚4%
俄罗斯5%
其他
10%
刚果
(金)
68%

镍（2020年）

其他
30%
33%
印度尼西亚
13%
菲律宾
9%
俄罗斯
8%
7%
澳大利亚
新喀里
多尼亚(法属)

许多国家正在建立回收这些金属的回收体系

要点

✎ 正在推动动力蓄电池的再利用和回收。

✎ 更换下来的动力蓄电池可以在其他用途中再利用。

✎ 正在推动建立一个回收体系，在拆解后提取稀有金属。

让我们了解一下世界各国的电力构成

不同国家/地区的电力构成

借助现代科技，如计算机和智能手机，我们可以方便地查看和分析 8-2 节中提及的各国电力构成数据。稍加研究，你会立刻发现不同国家之间的电力构成千差万别。举例来说，正如之前所述，日本的电力构成中火力发电占据了近 80% 的比重，而法国则约有 70% 的电力来自核电，挪威更是高达 90% 的电力来源于水力发电。

这些电力构成的差异对于电动汽车的普及具有深远的影响。具体来说，如果一个国家的电力构成中，以低 CO_2 排放量的发电方式为主，那么这个国家就可以更有底气地以环保为理由推动电动汽车的普及。相反，如果电力构成中火力发电占比较大，如日本，那么电动汽车的"环保"标签就显得不那么名副其实，国家在推广电动汽车时也可能会面临更多的挑战。

通过对比世界各国的电力构成，可以清楚地看到各国在能源状况上的差异，以及这些差异如何与电动汽车的普及情况紧密相连。

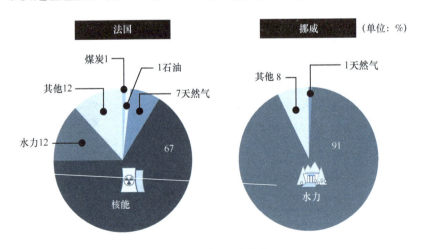

法国和挪威的电力构成

出处：以一般社团法人日本海外电力调查会"各国的电力事业（主要国家）"为基础制作。

第 9 章

~电动汽车的未来展望~

深度解析与前瞻

电动汽车技术革新①：动力蓄电池

▶▶ 支持新一代电动汽车的二次电池

在当前的电动汽车领域中，锂离子电池是主流的动力蓄电池。然而，随着科技的不断进步，我们正在探寻超越这一标准的创新性二次电池。

▶▶ 什么是全固态电池？

全固态电池，一种颠覆性的电池技术，它摒弃了传统锂离子电池中的液态电解质，转而采用离子电导性极高的固体电解质（见图9-1）。这种转变不仅极大提升了电池的安全性，更因其能量密度高和易于实现大容量化的特点，成为业界瞩目的焦点。

▶▶ 氟化物电池和锌负极电池

氟化物电池和锌负极电池是另外两种备受瞩目的创新电池技术。它们不仅无需依赖锂等稀有金属，更有望通过技术革新，实现性能的大幅提升和生产成本的显著降低（见图9-2）。在日本，新能源产业技术综合开发机构（The New Energy and Industrial Technology Development Organization，NEDO）正积极主导这些前沿技术的研究与开发。

▶▶ 何时作为车载电池实现？

本节所介绍的创新性二次电池，包括全固态电池、氟化物电池和锌负极电池，因其高能量密度和易于大容量化的特性，被寄予厚望，有望为电动汽车带来更高的安全性和更长的续驶里程。然而，技术的成熟与商业化并非一蹴而就，目前仍面临降低成本等一系列技术难题。因此，要真正实现车载电池的实用化，仍需经历数十年的长期研发与测试。但无疑，这些创新电池技术将为未来电动汽车的发展开辟新的道路。

图 9-1　全固态电池的原理

传统锂离子电池	全固态锂离子电池

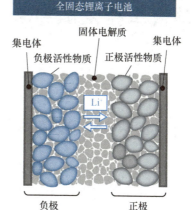

负极活性物质　电解液
集电体　　正极活性物质　集电体

集电体　　固体电解质　集电体
负极活性物质　正极活性物质

Li^+

负极　隔板　正极

负极　正极

- 将锂离子电池的电解液替换为固体电解质的结构
- 充电和放电时，锂离子在正极和负极间移动

图 9-2　氟化物电池和锌负极电池的原理

氟化物电池	锌负极电池

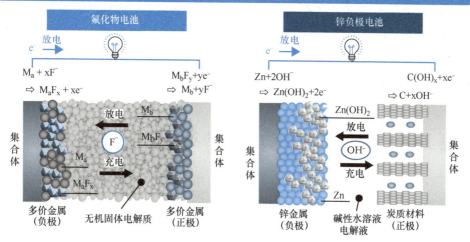

e^-　放电

$M_a + xF^-$　　　　　　$M_bF_y + ye^-$
$\Rightarrow M_aF_x + xe^-$　　$\Rightarrow M_b + yF^-$

放电　M_b
F^-　M_bF_y
M_a
充电
M_aF_x

集合体　　　　　　　　　集合体

多价金属　无机固体电解质　多价金属
（负极）　　　　　　　　（正极）

e^-　放电

$Zn + 2OH^-$　　　　　　$C(OH)_x + xe^-$
$\Rightarrow Zn(OH)_2 + 2e^-$　$\Rightarrow C + xOH^-$

$Zn(OH)_2$
放电
OH^-
充电
Zn

集合体　　　　　　　　　集合体

锌金属　碱性水溶液　炭质材料
（负极）　电解液　　（正极）

氟化物电池中氟离子（F^-）、锌负极电池中氢氧化物离子（OH^-）在正极和负极间移动

要点

- 正在开发能够实现电动汽车性能提升的创新性二次电池。
- 创新性二次电池具有高能量密度，易于大容量化。
- 实现实用化的主要瓶颈是降低成本等技术问题。

电动汽车技术革新②：灵动的驱动方式

▶▶ 用轮毂电动机实现的新动作

当四轮汽车的每个车轮都搭载了在 3-2 节和 5-8 节中提及的轮毂电动机时，它们将展现出传统汽车无法企及的"转弯"能力。以"PIVO 2"为例，我们将深入探讨这款车型所搭载的四轮独立电动机驱动系统。

▶▶ 革命性的"PIVO 2"

日产在 2007 年推出了令人瞩目的电动概念车——"PIVO 2"。这款车型巧妙地结合了轮毂电动机与线控转向技术，打破了传统汽车的行驶界限，带来了前所未有的驾驶体验（见图 9-3）。例如，"PIVO 2"具备将每个车轮转向侧面的独特能力，使得纵向停车变得异常轻松，远超过传统汽车的停车便捷性。

▶▶ 四轮独立电动机驱动系统的奥秘

四轮独立电动机驱动系统，顾名思义，是通过轮毂电动机分别控制四个车轮的驱动力（见图 9-4）。这一系统不仅显著减少了左右车轮在行驶中的滑动差异，还极大地提升了车辆在曲线行驶时的稳定性，使驾驶更加平稳流畅。

具体来说，当驾驶员向左转动方向盘时，不仅前轮的角度会相应调整，弯道外侧（即右侧）的车轮驱动力也会自动增加，以提供额外的转弯支持。这种智能调整使得"PIVO 2"能够实现仅通过改变车轮角度无法实现的敏捷转弯，并且在弯道行驶中保持极高的稳定性。这种卓越的操控性不仅为驾驶者带来了更多乐趣，也提高了行驶的安全性。

图9-3 "PIVO 2"的移动性

纵向停车时	靠边	转弯行驶时
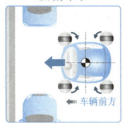	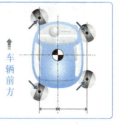	
为了前进，可以纵向停车	在"得来速"领取商品时，不伸手也可以	重心向内侧移动，对4个车轮施加均等的力，稳定地转弯

图9-4 使用四轮独立电动机驱动系统实现转弯的技术

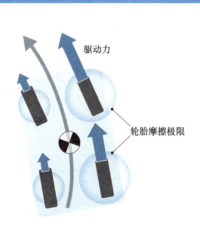

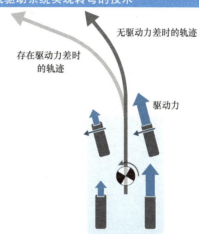

ⓐ在转弯时，由于负荷偏向外侧车轮，内侧车轮的轮胎摩擦极限比外侧车轮小。通过增大外侧车轮的驱动力分配，可以创造出四轮同等不易打滑的状况

ⓑ在开始转弯时，通过暂时增大外侧车轮的驱动力，可以增加偏航力矩，从而实现敏捷的转弯过渡行为

通过增加弯道外侧车轮的驱动力，可以实现仅通过改变车轮角度无法实现的敏捷转弯

※偏航力矩：作用在汽车重心周围的垂直轴上的力矩

出处：根据广田幸嗣、足立修一编著，出口欣高、小笠原悟司参编的《电动汽车的控制系统》（东京电机大学出版局）中的图4.19制作。

要点

✎ 使用轮毂电动机，可以实现汽车的新动作。

✎ 日产的 "PIVO 2" 提出了电动汽车的新动作。

✎ 四轮独立电动机驱动系统，实现了在弯道上的稳定行驶。

电动汽车发展的挑战与瓶颈①：充电基础设施和电力供应

▶▶ 担心充电基础设施电力不足

近年来，随着环境保护和能源效率的呼声日益高涨，全球范围内，特别是中国、欧洲、美国等，正加速从传统的燃油车向电动汽车（EV）的转型。随着对燃油车的限制措施加强，电动汽车的销售量和保有量正在迅猛增长（见图9-5），这一趋势预示着未来交通的新篇章。

然而，这种快速的 EV 转型也带来了一些隐忧。其中，最为人们关注的两大问题便是充电基础设施的短缺和电力供应的压力。

想象一下，在繁忙的城市中心，由于大量电动汽车需要充电，充电站前排起了长龙，甚至导致了交通拥堵。这是因为即使使用快速充电技术，如CHAdeMO，充满电也需要大约 30min，这无疑增加了充电站的使用压力（见图 9-6）。

而另一个令人担忧的问题是，随着电动汽车数量的增加，电力需求也将随之攀升。这可能导致电网负荷加重，甚至引发电力供应不足的问题。为了解决这一难题，有人建议增加发电厂的数量，提高电力产能。

▶▶ 充电机会的分散化

日本 EV 的转型步伐虽然不像其他国家那样迅猛，但同样面临着类似的挑战。为了避免在推进 EV 转型过程中出现充电基础设施和电力供应的问题，日本积极从其他国家汲取智慧。

一个值得借鉴的策略是分散充电时段。这不仅仅意味着增加快速充电器的数量，更重要的是要优化普通充电器的使用，鼓励车主在电力需求较低的深夜时段进行充电。同时，在电力需求高峰时段，适当提高快速充电的价格，也能有效调节充电需求。通过这些措施，日本有望在实现 EV 转型的同时，避免充电基础设施和电力供应的瓶颈问题。

图9-5 全球电动汽车的销售量和保有量的变迁

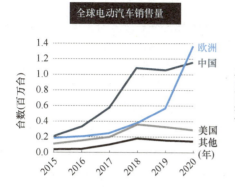

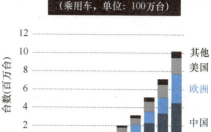

※包括轿车、公共汽车、卡车、面包车

自 2016 年《巴黎协定》生效以来，欧洲和中国的电动汽车急剧增加

出处：IEA "Global EV Outlook 2021"。

图9-6 中国重庆市的充电站

由于电动汽车充电需要时间，有时会长时间占用充电站

（照片提供：Aflo）

要点

- 人们担心由于急剧的电动车加速发展会带来各种问题。
- 其中代表性的问题是充电基础设施的不足和电力供应不足。
- 有人认为这些问题可以通过分散充电机会来避免。

电动汽车发展的挑战与瓶颈②：对汽车产业结构的重塑

▶▶ 汽车产业受到的伤害

随着电动汽车（EV）的飞速发展，许多人开始担忧传统汽车产业是否会走向衰退，是否会导致大量工作岗位的流失。这种担忧并非空穴来风，因为电动汽车相比燃油车，其构造更为简化，生产过程中的技术门槛也相对较低，因此预计会有更多的新企业涌入这一领域。这样的竞争态势无疑会给现有的汽车制造商和零部件制造商带来不小的压力和挑战。

对于日本来说，这种担忧尤为强烈。汽车产业作为日本的支柱产业，不仅为近 10% 的就业人口提供了工作机会，更占据了制造业出货量的近 40%，是经济增长的重要引擎（见图 9-7）。因此，EV 转型对于日本汽车产业来说，既是机遇也是挑战。

▶▶ 为什么丰田开发了氢发动机汽车？

在这样的背景下，丰田选择了一条与众不同的道路——开发氢发动机汽车。这种汽车以氢为燃料，通过氢发动机驱动，行驶过程中不排放 CO_2，被视为一种更为环保的汽车类型（见图 9-8）。

丰田之所以选择开发氢发动机汽车，主要有两大原因。首先，氢发动机技术结合了丰田在汽油发动机领域的深厚积累，这种技术门槛相对较高，其他国家难以轻易模仿。其次，发动机作为由约 10000 个零部件组成的复杂动力装置，得到了众多零部件制造商的支持。因此，开发氢发动机汽车不仅可以保护日本汽车制造商在发动机技术上的优势，还能维护零部件制造商的就业稳定。

综上所述，丰田在继续推进电动机驱动的电动汽车研发的同时，也决定开发氢发动机汽车，这是出于对未来汽车产业的深思熟虑和战略布局。

图 9-7　汽车产业在日本整体就业人口和制造出货量中所占的比例

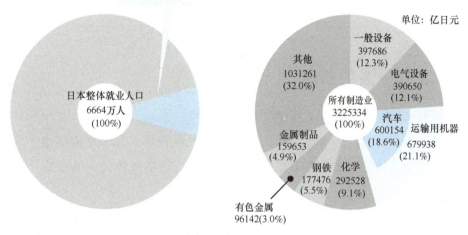

对日本来说，汽车产业是基础产业，是大量就业的来源和制造业中的盈利点

出处：以一般社团法人日本汽车工业会"日本的汽车工业 2021"为基础制作。

图 9-8　丰田开发的氢发动机汽车

在 2021 年 5 月在日本富士国际赛车场举行的 24h 耐力赛中参赛

（照片提供：每日新闻社/Aflo）

要点

✎ 随着 EV 加速发展的推进，日本汽车产业有衰退的风险。

✎ 对日本来说，汽车产业是基础产业。

✎ 日本有开发氢发动机汽车以保护就业的动向。

应对交通领域的深刻变革

▶▶ 百年一遇的革命

　　我们正站在一个前所未有的交通革命的风口浪尖。回想起在美国的某个时期，当廉价的燃油车（如福特 T 型）开始风靡市场，马车逐渐退出了历史舞台，如今，我们再次目睹了交通领域的巨变。汽车在社会中的角色正悄然发生转变。

　　如今的汽车，已然成为我们生活中的"智能伴侣"。它们如同个人计算机和智能手机一样，需要持续与互联网相连，进行信息交换（见图 9-9）。这不仅是为了提高驾驶安全，更是向着自动驾驶的未来迈进。而近年来，随着共享经济的蓬勃发展，汽车的所有权逐渐从个人向多人共享转移，汽车共享（见图 9-10）和拼车等共享服务逐渐成为人们出行的新选择。

　　同时，出于对环境的考虑和追求低碳社会的目标，对燃油车的限制越来越严格，电动汽车（EV）的推广和转型正在加速进行。另一方面，随着 IT 和智能手机的发展，公共交通的便利性得到了极大的提升，这也使得汽车在社会中的角色变得更加多元和灵活。

　　因此，全球汽车行业正面临着与 IT、铁路等公共交通行业更紧密合作的挑战，以满足这些变化带来的新需求，并寻求生存与发展。传统的汽车制造商独自开发、制造和销售汽车的商业模式正在发生变革。

▶▶ "CASE" 和 "MaaS

　　接下来，我们将深入讨论两个关键词："CASE" 和 "MaaS"。它们不仅是汽车行业变革的关键词，更与电动汽车的发展息息相关。从下一节开始，我将为您详细解释这些词汇的含义及它们与电动汽车的紧密联系。

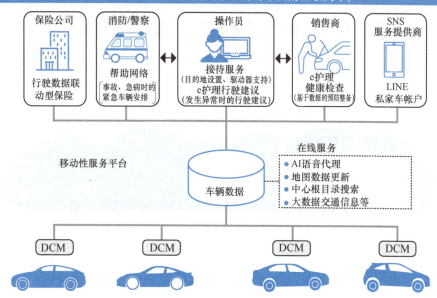

图 9-9　与互联网连接的汽车示例（丰田的互联汽车）

保险公司
行驶数据联动型保险

消防/警察
帮助网络
事故、急病时的紧急车辆安排

操作员
接待服务
（目的地设置、驱动器支持）
e护理行驶建议
（发生异常时的行驶建议）

销售商
e护理
健康检查
（基于数据的预防整备）

SNS
服务提供商
LINE
私家车帐户

移动性服务平台

车辆数据

在线服务
● AI语音代理
● 地图数据更新
● 中心根目录搜索
● 大数据交通信息等

DCM　　DCM　　DCM　　DCM

车辆数据可在线共享

出处：以丰田汽车新闻发布"丰田汽车正式开始推广互联车"为基础制作。

图 9-10　汽车共享服务示例

为了减少汽车的维护费用，日本国内用户也在不断增加

> **要点**
>
> ✎ 被称为百年一遇的移动革命即将到来。
>
> ✎ 汽车行业需要应对这一革命。
>
> ✎ "CASE"和"MaaS"是表示汽车行业变化的词汇。

汽车行业追求的"CASE"革新框架

▶▶ 什么是"CASE"？

　　"CASE"不仅仅是一个简单的首字母缩写，它代表着汽车行业近年来的追求和未来的方向。这个概念最初由德国戴姆勒（现为梅赛德斯-奔驰集团）在2016年的巴黎车展上提出，作为公司的中长期经营愿景。它由4个核心元素组成：Connected（连接）、Autonomous（自动驾驶）、Shared & Services（共享和服务）、Electric（电动化）（见图9-11）。如今，随着汽车行业的飞速发展，"CASE"已经成为众多汽车制造商共同追求的目标，它准确地反映了整个行业的最新动向。

▶▶ 电动汽车和"CASE"

　　电动汽车在实现"CASE"愿景方面，拥有得天独厚的优势。首先，电动汽车的"电动化"特性为其提供了坚实的基础。电动机比发动机更忠实和更即时地响应指令，这使得电动汽车与"自动驾驶"技术的融合变得更为顺畅。此外，"电动化"也意味着车辆数据的收集更为便捷，从而更容易享受到"连接"技术带来的便利。

　　当电动汽车接入互联网，它便成为物联网（Internet of Things，IoT）的终端。这意味着电动汽车不仅可以收集自动驾驶所需的交通信息和地图信息，还可以通过与智能手机的通信，为乘客提供更加便捷的共享和拼车服务。这种整合了"连接"和"共享"特性的电动汽车，无疑将极大地改变我们的出行方式，让未来出行更加智能、便捷。

　　值得注意的是，"自动驾驶"技术的发展并非一蹴而就。它分为5个阶段（见图9-12），其中每个阶段都需要技术的进步和突破。而要实现"完全自动驾驶"，即驾驶员无需进行任何驾驶操作，不仅需要提高汽车自动驾驶辅助系统的水平，还需要依赖"连接"技术来收集交通信息、路况数据等关键信息。电动汽车与"CASE"的完美结合，将为我们带来一个更加安全、高效、环保的未来出行时代。

图 9-11 戴姆勒提出的经营愿景 "CASE"

| Connected | Autonomous | Shared & Services | Electric |
| 连接 | 自动驾驶 | 共享和服务 | 电动化 |

现在全球汽车行业作为指示汽车开发方向的词汇正在使用

图 9-12 汽车自动驾驶的阶段

级别	自动驾驶级别的概要	驾驶操作※的主体	对应车辆的名称
级别1	加速/制动操作或方向盘操作处于部分自动化状态	驾驶员	驾驶支援车
级别2	加速/制动操作和方向盘操作均处于部分自动化状态	驾驶员	
级别3	在满足特定行驶环境条件的限定区域中，自动运行装置代替全部驾驶操作的状态。但是，在自动运行装置启动时，如果担心自动运行装置不能正常启动，就会发出催促驾驶操作的警报，因此必须适当地响应	自动运行装置（自动运行装置动作困难时为驾驶员）	有条件的自动驾驶汽车（限定区域）
级别4	在满足特定行驶环境条件的限定区域中，自动运行装置代替全部驾驶操作的状态	自动运行装置	自动驾驶汽车（限定区域）
级别5	自动运行装置代替全部驾驶操作的状态	自动运行装置	完全自动驾驶汽车

※进行车辆操纵所需的认知、预测、判断及操作行为

出处：以日本国土交通省"自动驾驶车辆的称呼"为基础制作。

要点

- 戴姆勒作为中长期管理愿景发表了"CASE"。
- 现在整个汽车行业都在频繁使用"CASE"这个词。
- 电动汽车具备实现"CASE"的有利条件。

与公共交通和谐共生的 "MaaS" 模式的探索

▶▶ "MaaS" 与交通变革

在汽车行业不断演进的浪潮中，"MaaS"（Mobility as a Service，即"作为服务的移动"）这一术语逐渐崭露头角。作为一种全新的出行理念，"MaaS"旨在将多元化的公共交通及其他服务整合在一起，提供一站式搜索、预约、支付等便捷服务（见图9-13）。虽然其定义尚未统一，但日本国土交通省对其的解释为我们描绘了一个清晰的蓝图。

自从2016年在芬兰赫尔辛基首次实施以来，"MaaS"凭借其利用智能手机的便捷性，在全球范围内迅速扩散，日本也不例外，开始尝试引入并开展社会实验。其初衷在于提升公共交通的便利性，并试图在市中心等繁忙区域限制私家车的使用。

▶▶ 寻求转型的汽车产业

然而，"MaaS"的普及对于传统汽车行业而言，无疑是一次巨大的挑战。随着公共交通体系的不断完善和便利性的提升，私家车的使用率逐渐下降，导致汽车销量锐减，从而给那些与汽车行业密切相关的就业带来了极大的压力。

为了应对这一挑战，许多汽车制造商开始主动参与到"MaaS"的浪潮中，寻求与公共交通的和谐共存之道。以日本的丰田为例，他们在2018年发布了名为"e-Palette Concept"的自动驾驶专用电动汽车（见图9-14）。这款车不仅是一款概念车，更是丰田对于自动驾驶与"MaaS"融合的一次大胆尝试。

此外，丰田还与IT巨头日本软银集团联手，成立了合资公司"MONET Technologies"。该公司致力于通过物联网技术推动按需移动服务的普及，并宣布将实现从"制造汽车的公司"到"移动性公司"的转变。这一系列的举措，无疑展示了丰田在汽车行业转型中的前瞻性和决心。

图 9-13 "MaaS" 的概念

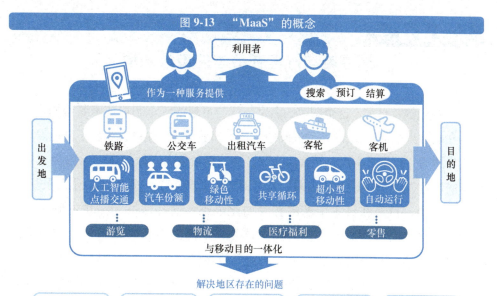

引入了一站式服务，包括各种交通工具的搜索、预订和结算等，旨在解决地区面临的挑战

出处：以日本国土交通省"日本版 MaaS 的推进"为基础制作。

图 9-14 丰田的自动驾驶专用电动汽车 "e-Palette Concept"

（照片提供：丰田汽车）

要 点

✎ "MaaS"最初的理念是提高公共交通的便利性和限制私家车。

✎ "MaaS"的普及成为汽车产业的威胁。

✎ 近年来，汽车制造商开始参与"MaaS"。

探寻电动汽车在日本的市场困境

当我们提及日本，这个国家的名字往往与卓越的汽车制造技术紧密相连。然而，在电动汽车（EV）的转型浪潮中，日本却显得步伐稍缓，相较于其他发达国家稍显滞后。根据日本汽车销售协会联合会的最新数据，截至 2023 年 3 月，电动汽车的销量仅为 5149 辆，仅占乘用车总销量的 1.6%，这一数字不禁让人深思。

为何电动汽车在日本市场的普及如此艰难？这并非一个简单的问题，而是由多重因素交织而成的复杂局面。首先，车辆价格高昂成为一道难以逾越的门槛，即便有政府的补贴政策，消费者依然觉得电动汽车的购买成本过高；其次，充电基础设施的匮乏也极大地限制了电动汽车的便利性，相较于随处可见的加油站，电动汽车的充电站点显得捉襟见肘，这无疑增加了消费者的使用成本和时间成本；然而，除了这些普遍存在的挑战外，似乎还有一些日本特有的因素在影响着电动汽车的普及，这些因素可能涉及文化、习惯、政策等多个层面，需要我们深入探索和理解。

因此，在阅读本书的过程中，我诚挚地邀请您一同思考这一问题：为何电动汽车在日本不畅销？同时，也请我们共同重新审视一个观点：在日本普及电动汽车，是否真的能够如我们所愿，带来环保的福音？让我们带着这些疑问，继续探寻电动汽车在日本市场的未来之路。

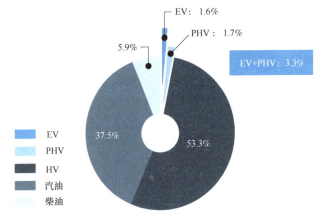

日本国内乘用车按燃料分类的销售台数

出处：一般社团法人日本汽车销售协会联合会"按燃料销售台数（乘用车）" 2023 年 3 月的数据。

参考文献

- 赤津観監修
『史上最強カラー図解 最新モータ技術がすべてわかる本』
ナツメ社、2012年

- 飯塚昭三著
『燃料電池車・電気自動車の可能性』グランプリ出版、2006年

- 池田宏之助編著
『入門ビジュアルテクノロジー 燃料電池のすべて』日本実業出版社、2001年

- 齋藤勝裕著
『図解入門 よくわかる 最新 全固体電池の基本と仕組み』
秀和システム、2021年

- 中西孝樹著
『CASE革命 2030年の自動車産業』日本経済新聞出版社、2018年

- 日刊工業新聞社編、次世代自動車振興センター協力
『街を駆けるEV・PHV 基礎知識と普及に向けたタウン構想』
日刊工業新聞社、2014年

- 廣田幸嗣著
『今日からモノ知りシリーズ トコトンやさしい電気自動車の本（第3版）』
日刊工業新聞社、2021年

- 廣田幸嗣・小笠原悟司編著、船渡寛人・三原輝儀・出口欣高・初田匡之著
『電気自動車工学（第1版）：EV設計とシステムインテグレーションの基礎』
森北出版、2010年

- 廣田幸嗣・小笠原悟司編著、船渡寛人・三原輝儀・出口欣高・初田匡之著
『電気自動車工学（第2版）：EV設計とシステムインテグレーションの基礎』
森北出版、2017年

- 廣田幸嗣・足立修一編著、出口欣高・小笠原悟司著
『電気自動車の制御システム 電池・モータ・エコ技術』
東京電機大学出版局、2009年

- 福田京平著
『しくみ図解シリーズ 電池のすべてが一番わかる』
技術評論社、2013年

- 森本雅之著『電気自動車（第2版）』森北出版、2017年

- 『二次電池の開発と材料（普及版）』シーエムシー出版、2002年

図解まるわかり 電気自動車のしくみ

(Zukai Maruwakari Denkijidosha no Shikumi: 7603-1)

© 2023 Kenichi Kawabe

Original Japanese edition published by SHOEISHA Co., Ltd.

Simplified Chinese Character translation rights arranged with SHOEISHA Co., Ltd.

through Shanghai To-Asia Culture Co., Ltd.

Simplified Chinese Character translation copyright © 2025 by China Machine Press Co., LTD

北京市版权局著作合同登记　图字：01-2024-2890号。

图书在版编目（CIP）数据

极简图解电动汽车基本原理 /（日）川边谦一著；
何春梅，张小猛译. -- 北京：机械工业出版社，2025.
5. --（易学易懂的理工科普丛书）. -- ISBN 978-7-111-
78040-3

Ⅰ. U469.72-64

中国国家版本馆CIP数据核字第2025M3P442号

机械工业出版社（北京市百万庄大街22号　邮政编码100037）
策划编辑：任　鑫　　　　　　责任编辑：任　鑫　卢　婷
责任校对：郑　婕　李　杉　　封面设计：马精明
责任印制：常天培
北京联兴盛业印刷股份有限公司印刷
2025年6月第1版第1次印刷
170mm×230mm・12.75印张・197千字
标准书号：ISBN 978-7-111-78040-3
定价：79.00元

电话服务　　　　　　　　　网络服务

客服电话：010-88361066　　机 工 官 网：www.cmpbook.com

　　　　　010-88379833　　机 工 官 博：weibo.com/cmp1952

　　　　　010-68326294　　金 书 网：www.golden-book.com

封底无防伪标均为盗版　机工教育服务网：www.cmpedu.com